电子商务人才培养系列教材·服务岗位群

农产品电子商务运营

◎主　　编　张大平

◎副 主 编　江　兰　王朝霞　向的富
　　　　　石绍刚　安　刚　周　鹏

◎参　　编　孔德鹰　廖　雪　何春梅　钟　英

電子工業出版社
Publishing House of Electronics Industry
北京·BEIJING

内 容 简 介

全书共 8 个项目，内容包括农产品网上开店前期准备、农产品店铺管理、农产品平台营销执行、农产品客户服务、农产品物流渠道建立、农产品社交媒体营销、农产品直播营销、农产品短视频营销等，帮助学生掌握农产品电子商务相关岗位的核心技能，通过考核评价模块强化学生的实际操作能力。本书结构合理，内容丰富，实用性强。

本书可以作为职业院校电子商务及相关专业的教材，也可以作为农产品电子商务初学者和从业者的参考用书。

图书在版编目（CIP）数据

农产品电子商务运营 / 张大平主编. -- 北京 : 电子工业出版社, 2025. 2. -- ISBN 978-7-121-49711-7

Ⅰ. F724.72

中国国家版本馆 CIP 数据核字第 2025W0K328 号

责任编辑：罗美娜
印　　刷：北京捷迅佳彩印刷有限公司
装　　订：北京捷迅佳彩印刷有限公司
出版发行：电子工业出版社
　　　　　北京市海淀区万寿路 173 信箱　邮编　100036
开　　本：880×1 230　1/16　印张：11.75　字数：270.7 千字
版　　次：2025 年 2 月第 1 版
印　　次：2025 年 7 月第 2 次印刷
定　　价：39.00 元

凡所购买电子工业出版社图书有缺损问题，请向购买书店调换。若书店售缺，请与本社发行部联系，联系及邮购电话：（010）88254888，88258888。

质量投诉请发邮件至 zlts@phei.com.cn，盗版侵权举报请发邮件至 dbqq@phei.com.cn。

本书咨询联系方式：（010）88254617，luomn@phei.com.cn。

前　　言
PREFACE

在当今信息化迅速发展的时代，电子商务已经成为人们生活中不可或缺的一部分。特别是在农业领域，农产品电子商务运营正逐渐成为推动农业现代化和促进农产品销售的重要手段。随着互联网技术的不断进步，农产品电子商务运营不仅在农产品的生产者和消费者之间搭建了更为便捷的交易平台，也为传统农业注入了新的活力和发展机遇。然而，要在这个领域取得成功，并非仅凭热情就能达成，还需要从业者具备扎实的专业知识和技能。

近年来，国家对农村电子商务的支持力度持续加大，越来越多的农业企业和农户开始涉足电子商务领域，希望通过线上平台拓展销售渠道，提高农产品的市场竞争力。在此背景下，农产品电子商务运营人才的需求日益增加。

为满足职业教育对农产品电子商务运营人才的培养需求，本书编写团队进行了深入调研，在广泛了解当前农产品电子商务运营的实际状况及岗位要求后，精心编写本书，旨在培养具有高素质的电子商务运营人才。希望通过对专业知识和技能的优化，提升学生操作能力和创新思维。

本书共 8 个项目，内容包括农产品网上开店前期准备、农产品店铺管理、农产品平台营销执行、农产品客户服务、农产品物流渠道建立、农产品社交媒体营销、农产品直播营销、农产品短视频营销等，帮助学生掌握农产品电子商务相关岗位的核心技能，通过考核评价模块强化学生的实际操作能力。

本书由张大平担任主编，江兰、王朝霞、向的富、石绍刚、安刚、周鹏担任副主编，孔德鹰、廖雪、何春梅、钟英参与了本书的编写工作。

由于编者水平有限，书中难免存在不足之处，敬请广大读者批评指正。

编　者

目　录

CONTENTS

项目一

农产品网上开店前期准备

项目导读

农产品网上开店前期准备是电子商务运营成功之路的起点，它涵盖一系列细致且全面的工作，旨在为店铺的顺利开设和后续运营奠定坚实基础。在此阶段，运营者需要对市场进行深入调研，分析消费者需求、竞争态势及行业发展趋势，以此为店铺定位和产品策略提供数据支持。同时，创业者还需要精心选择具有地域特色和品质优势的农产品，并结合品牌建设与营销策划，提高所选农产品的市场竞争力。选择合适的电子商务平台也是关键的一步，运营者需要综合考虑平台的知名度、用户规模、运营成本及扶持政策等因素，确保店铺能够获得良好的曝光率和销售机会。在店铺注册与设置过程中，运营者应注重店铺形象的专业性和美观性，以吸引消费者的关注并提升购物体验。

此外，建立高效可靠的物流配送体系也十分重要，它关系到农产品的质量保障和消费者的购物满意度。因此，运营者需要与物流公司紧密合作，制定科学合理的配送方案。在营销策略方面，运营者应综合利用搜索引擎优化、社交媒体营销、内容营销等方式，增强店铺的吸引力。同时，优质的客户服务也是提升消费者满意度和忠诚度的关键，运营者需要建立完善的客户服务体系，提供及时且专业的服务支持。进行风险评估并制定应对措施也是不容忽视的环节，运营者应对市场风险、竞争风险、运营风险等方面进行全面评估，并制定相应的应对策略，以保障店铺的稳健发展。

农产品网上开店前期准备是一个系统而复杂的过程，需要运营者以细致入微的态度和全面考虑的思维推进各项工作，从而为农产品电子商务运营奠定坚实的基础。

学习目标

知识目标

1. 掌握农产品的分类标准。
2. 了解绿色农产品的相关规定及标准。

3. 熟悉农产品网上销售的法律法规、政策支持和行业规范。
4. 掌握农产品网店选品、定价、促销等营销策略的制定方法。

能力目标

1. 具备独立开设农产品网店的能力，包括店铺注册、资质申请、产品上架等操作。
2. 能够运用市场分析工具，对农产品市场进行调研，为网店选品和定位提供依据。
3. 能够制订并实施农产品网店的营销计划，提高店铺知名度和销售额。
4. 能够处理农产品网店运营中的常见问题，如客户服务、订单处理、物流配送等。
5. 具备农产品网店数据分析的能力，能够根据数据调整运营策略，优化店铺运营。

素质目标

1. 培养创新思维和创业精神，勇于探索新的农产品电子商务运营模式。
2. 树立诚信经营的理念，注重农产品质量和服务质量，提升网店口碑。
3. 培养团队协作及沟通能力，能够与团队成员共同推进农产品网店的发展。
4. 增强学习动力，提升自学能力，能够不断更新农产品电子商务运营的知识和技能。
5. 培养敏锐的市场洞察力和应变能力，能够迅速响应市场变动并调整网店运营策略。

引导案例

山货借网出“深闺”

案例背景

在数字化浪潮的推动下，农产品电子商务成为了乡村振兴的重要驱动力。本案例聚焦于一位名叫周军的网店老板，他凭借对家乡的深厚情感和对市场的敏锐洞察，成功地将大山深处的优质农产品推向全国，实现了个人价值与社会责任的双重提升。

案例主体

周军，人称“山哥”，曾是一名省内连锁超市的中层管理人员，生活稳定。然而，随着移动互联网的迅猛发展，他敏锐地捕捉到了农产品电子商务的无限潜力，毅然决定辞去工作，投身于农产品电子商务的创业热潮中。

创业历程

1. 精准定位，打造品牌

周军深知，在竞争激烈的电子商务市场中，只有具备独特的定位才能使品牌脱颖而出。因此，他将自己的网店命名为“山哥来了”，并明确了“寻找原生态的深山食材，崇尚传统工艺，拒绝工业化生产”的品牌理念，致力于为消费者提供绿色、健康的农产品。

2. 政府扶持，助力发展

周军充分利用政府对电子商务发展的支持政策，在注册、上线、运营、场地租赁及税费减免等方面获得了实质性的帮助。这些政策的支持不仅降低了他创业初期的成本，也增强了他对电子商务事业的信心。

3. 深入源头，严格把控

为了确保农产品的质量，周军亲自前往湘西、湘南的大山区、五强溪库区、雪峰山脚下等地进行考察，亲自挑选、验收货物。他坚持选用真正产自大山、生态环保的农产品，确保每一份农产品都能让消费者安心享用。

4. 创新营销，吸引消费者

周军深知在电子商务时代，营销方式的重要性。他通过拍摄现场照片、撰写文字说明，以及分享“背后的故事”等形式，让消费者直观地感受到农产品的真实面貌。同时，他还开设了“烹饪课堂”，教大家制作原汁原味的乡野美食，进一步提升了消费者的购物体验感。

5. 成效显著，未来可期

经过不懈努力，周军的网店“山哥来了”迅速走红，吸引了大量“粉丝”的关注和支持。他的成功不仅帮助了 1 000 多户山民将特产销往全国各地，也为自己的创业之路奠定了坚实的基础。展望未来，周军对农产品电子商务的发展充满信心，他相信这一领域将迎来更加广阔的发展空间。

案例启示

本案例告诉我们，农产品电子商务运营的成功离不开精准的市场定位、政府的政策扶持、严格的产品把控及创新的营销策略。同时，作为创业者，农产品网上开店需要做好充分的前期准备工作，包括产品分析、市场调研、包装设计、平台选择、网店装修和营销策略制定等。更重要的是，只有始终保持诚信经营的态度，才能在激烈的市场竞争中脱颖而出，推动农产品电子商务运营的健康可持续发展。

知识讲堂

任务1 农产品认知

农产品作为人类生活的基本物质需求，其重要性不言而喻。随着互联网技术的快速发展和电子商务的普及，农产品电子商务逐渐崭露头角，成为农产品流通领域的新热点。为了更好地开展农产品电子商务运营，我们先要对农产品有一个全面而深入的了解。本任务将重点介绍农产品的分类及绿色农产品的相关规定，为后续学习农产品电子商务运营奠定坚实的基础。

一、农产品的分类

农产品种类繁多，按照不同的标准可以进行多种分类。在农产品电子商务运营中，我们要重点关注以下 3 种分类方式。

（一）按生产来源分类

1．种植类农产品

种植类农产品主要包括谷物、油料作物、蔬菜、水果等，如图 1-1 所示。这类农产品既是人类食物的主要来源，也是农产品电子商务运营中的重要品类。

图 1-1　种植类农产品

2．养殖类农产品

养殖类农产品主要包括畜牧业、水产养殖业生产的产品，包括牛肉、猪肉、鸡蛋等，如图 1-2 所示。这类农产品具有高蛋白、高脂肪等特点，是满足人类营养需求的重要组成部分。

图 1-2　养殖类农产品

3．野生采集类农产品

野生采集类农产品主要包括野生菌、山野菜、中药材等。这类农产品具有独特的营养价值和药用价值，是农产品市场中的特色品类，如图 1-3 所示。需要注意的是，部分野生农产品不能随意采集和销售，如野生人参、天麻等，采集必须具备相应资质并遵守相关法律规定。

在销售前，应确保产品来源合法，并取得相应的采集、销售等许可证明。如果涉及濒危物种或特定保护植物，还需要提供相关的证明文件。

图 1-3　野生采集类农产品

（二）按加工程度分类

1．初级农产品

初级农产品是指未经加工或仅进行初步处理的农产品，如新鲜水果、蔬菜等，如图 1-4 所示。这类农产品保留了原始的风味和营养价值，深受消费者喜爱。

图 1-4　初级农产品

2．加工农产品

加工农产品是指经过一定工艺加工，改变其原始形态的农产品，如干果、罐头食品等，如图 1-5 所示。这类农产品具有较长的保质期和便捷的食用方式，满足了消费者的多样化需求。

图 1-5　加工农产品

（三）按用途分类

1．食用农产品

食用农产品是指直接供人类食用的农产品，如粮食、蔬菜、水果等，如图 1-6 所示。这类农产品是满足人类基本生活需求的基础物质。

图 1-6　食用农产品

2．工业原料农产品

工业原料农产品是指用于工业生产原料的农产品，如棉花、油料作物、糖料作物等，如图 1-7 所示。这类农产品在国民经济中占据重要地位，是工业发展的重要支撑。

图 1-7　工业原料农产品

3．饲料农产品

饲料农产品是指用于动物饲养的农产品，如玉米、豆粕等，如图 1-8 所示。这类农产品是畜牧业发展的重要物质基础，对于保障人类食品安全具有重要意义。

图 1-8　饲料农产品

二、绿色农产品的相关规定

随着消费者对食品安全和环境保护的重视，绿色农产品逐渐成为市场的热门选择。绿色农产品是指遵循可持续发展原则，按照特定的生产方式生产，经专门机构认定，许可使用绿色食品标志的无污染、安全、优质、营养的农产品。

（一）绿色农产品的产地环境质量标准

绿色农产品的产地环境必须符合国家或地方规定的环境质量标准，确保农产品生长环境无污染。这包括对土壤、水质、空气等生态环境要素的严格监测和控制。

1．土壤质量标准

土壤是农产品生长的基础，其质量直接影响农产品的质量和安全性。绿色农产品的产地土壤质量标准要求土壤肥沃、无污染，重金属和有害物质含量符合国家标准。同时，还要求土壤具有良好的保水、保肥能力，为农产品生长提供优良的环境。

2．水质标准

水是农产品生长不可或缺的资源，其质量同样对农产品的质量和安全产生重要影响。绿色农产品的产地水质标准要求水源清洁、无污染，水质符合国家饮用水标准。此外，还要求水体具有较强的流动性和自净能力，以确保农产品生长过程中的水质安全。

3．空气质量标准

空气是农产品生长过程中的重要环境要素之一，其质量对农产品的生长和品质也有一定的影响。绿色农产品的产地空气质量标准要求空气清新、无污染，空气中的有害物质含量低于国家标准。这样的空气质量有助于减少农产品生长过程中的病害和污染，提高农产品的质量。

4．生态环境标准

除土壤、水质和空气质量外，绿色农产品的产地还需要具备良好的生态环境。这包括生物多样性、生态平衡、自然景观等方面。一个健康的生态环境能够为农产品的生长提供稳定的生态支持，同时也有助于提高农产品的质量和安全性。

为确保绿色农产品的产地环境质量标准有效实施，需要从以下方面入手：一是建立完善的标准体系，制定详细、具体的标准条款和实施细则，为绿色农产品生产提供明确的指导；二是加强宣传教育，通过各种渠道和方式，增强生产者的环保意识和标准意识，引导他们自觉遵守和执行标准；三是强化监管力度，建立专门的监管机构，对绿色农产品的产地环境质量进行定期监测和评估，确保标准的严格执行；四是加强与国际接轨，借鉴国际先进经验和做法，不断完善和提高我国绿色农产品的产地环境质量标准。

（二）绿色农产品的生产技术标准

绿色农产品的生产必须遵循绿色食品生产技术标准，确保农产品的质量和安全。这包括对种子、肥料、农药等投入品的严格选择和使用，以及对生产过程的规范化管理。

1．种植技术标准

在种植环节，绿色农产品的生产技术标准要求采用环保、高效的种植技术，如有机种植、生物防治等。同时，对种子的选择、播种时间、播种密度、施肥、灌溉等方面也有严格的规定和要求，以确保农产品的生长环境和生长过程符合绿色标准。

2．养殖技术标准

在养殖环节，绿色农产品的生产技术标准要求采用生态、健康的养殖技术，如生态养殖、绿色饲料养殖等。同时，对养殖环境、疫病防治等方面也有严格的规定和要求，以确保养殖产品的健康与安全。

3．加工技术标准

在加工环节，绿色农产品的生产技术标准要求采用环保、卫生的加工技术和设备，避免使用有害添加剂和化学物质。同时，对原料的选择、加工工艺、产品检验等方面也有严格的规定和要求，以确保加工产品的质量和安全。

4．储存技术标准

在储存环节，绿色农产品的生产技术标准要求采用科学、合理的储存技术和方法，确保农产品的品质和新鲜度。同时，对储存环境、储存时间、储存温度等方面也有严格的规定和要求，以避免农产品在储存过程中发生变质和损坏。

为确保绿色农产品生产技术标准有效实施，需要从以下方面入手：一是建立完善的标准体系，制定详细、具体的生产技术标准条款和实施细则，为绿色农产品生产提供明确的指导；二是加强技术培训和指导，通过组织培训、现场指导等方式，提高生产者的技术水平和标准意识，引导他们自觉遵守和执行标准；三是强化监管力度，建立专门的监管机构，对绿色农产品的生产过程进行定期检查和评估，确保标准的严格执行，对于违反标准的行为，要依法进行处罚和整改；四是加强与国际接轨，借鉴国际先进经验和做法，不断完善和提高我国绿色农产品的生产技术标准。

（三）绿色农产品的产品质量标准

绿色农产品的产品质量标准是指对绿色农产品的外观、内在品质、营养成分等方面规定的具体要求。这些标准旨在确保绿色农产品具备优良的品质和营养价值，满足消费者的需求。

1．外观标准

绿色农产品的外观应整洁、无破损、无病虫害痕迹。对于不同种类的农产品，还应根据其特点制定相应的外观标准，如水果的大小、形状、颜色，蔬菜的新鲜度、叶片完整性等。

2．内在品质标准

内在品质是绿色农产品的核心竞争力，包括口感、风味、营养成分等。绿色农产品的内在品质标准应要求农产品具备独特的口感和风味，同时富含丰富的营养成分，如蛋白质、维生素、矿物质等。这些营养成分的含量必须符合国家标准或行业标准的要求。

3．安全性标准

绿色农产品的安全性是消费者最为关注的问题之一。因此，在绿色农产品的产品质量标准中应明确规定农药残留、重金属含量、微生物指标等安全性指标。这些指标必须严格控制在国际标准或国家标准的范围内，确保绿色农产品的安全性。

4．包装与标识标准

绿色农产品的包装应符合环保要求，使用可降解或可回收的材料。同时，包装上应清晰标注产品的名称、产地、生产日期、保质期等信息，方便消费者识别和选择。此外，对于获得绿色食品认证的农产品，还应在包装上标注绿色食品标志及认证编号。

（四）绿色农产品的卫生标准

绿色农产品的卫生标准是指对绿色农产品在生产、加工、储存、运输等过程中所涉及的卫生环境和操作规范的具体要求。这些标准旨在确保绿色农产品在生产过程中的卫生安全，防止病害和污染的发生。

1．生产环境卫生标准

绿色农产品的生产环境应保持整洁、卫生，远离污染源。对于种植环节，应确保土壤、水源、空气等环境要素的卫生安全；对于养殖环节，应确保养殖场所的清洁、通风和消毒工作到位。同时，生产人员应保持良好的个人卫生习惯，定期进行健康检查。

2．加工过程卫生标准

在绿色农产品的加工过程中，必须严格遵守卫生操作规范。加工场所应保持清洁、干燥、通风良好的环境；加工设备应定期清洗、消毒；加工人员应穿戴清洁的工作服、工作帽和口罩等防护用品。此外，对于加工过程中产生的废弃物和污水等污染物，必须妥善处理，防止对环境造成污染。

3．储存与运输卫生标准

在绿色农产品的储存和运输过程中同样需要关注卫生问题。储存场所应保持清洁、干燥、通风良好的环境，防止农产品出现受潮、霉变和虫害等情况；运输车辆应保持清洁、卫生、定期清洗和消毒。同时，对于需要冷链运输的农产品，还需要确保运输过程中的温度控制符合要求。

为确保绿色农产品的产品质量和卫生标准有效实施，需要从以下方面入手：一是建立完善的标准体系，制定详细、具体的标准条款和实施细则；二是加强宣传教育和培训，增强生产者的标准意识和卫生意识；三是强化监管力度，建立专门的监管机构对绿色农产品的生产和加工过程进行定期检查和评估；四是加强与国际接轨，借鉴国际先进经验和做法不断完善和提高我国绿色农产品的产品质量和卫生标准。

（五）绿色农产品的包装标准

1．包装材料的选择

绿色农产品的包装材料应遵循环保、可降解、可回收的原则。优先选择纸质、生物降解材料、竹木等环保材料，减少塑料等不可降解材料的使用。同时，包装材料必须符合国家相关环保标准，确保在使用过程中不会对农产品造成污染。

2．包装设计的要求

绿色农产品的包装设计应简洁大方，突出农产品绿色、环保、健康的特点。设计元素可以包括自然风景、农产品形象、人物剪影等，以传递农产品的绿色理念。此外，包装设计还应考虑对农产品的保护效果，避免在运输、储存过程中损坏农产品。

3．包装规格的统一

为方便运输和储存，绿色农产品的包装规格应尽可能统一。不同种类的农产品可根据其特点制定相应的包装规格标准，如水果、蔬菜等农产品可采用标准箱、标准袋等包装形式。统一的包装规格有助于提高物流效率，降低运输成本。

4．包装安全性的保障

绿色农产品的包装材料应无毒、无害，不会对农产品造成污染。同时，包装结构应稳固可靠，防止产品在运输过程中发生破损、泄漏等问题。对于易碎、易潮等特殊性质的农产品，还应采取额外的保护措施，确保农产品的完整性和安全性。

（六）绿色农产品的标注标准

1．产品名称的标注

绿色农产品的标识上应清晰标注农产品的名称，以便消费者识别和选择。产品名称必须准确反映产品的真实属性，严禁使用虚假、夸大或误导性的名称。

2．产地信息的标注

绿色农产品的产地信息是消费者关注的重点之一。标识上应明确标注农产品的产地信息，包括省、市、县等行政区域信息，以便消费者了解农产品的来源。对于特定产区的农产品，如地理标志产品，还应标注具体的产区信息。

3．生产日期和保质期的标注

生产日期和保质期是消费者判断农产品新鲜度和安全性的重要依据。标识上必须清晰标注产品的这些信息，使消费者在购买时能够合理选择。对于易腐烂、易变质等特殊性质的农产品，还应标注储存条件和食用方法等指导信息。

4．绿色食品标志的标注

对于已获得绿色食品认证的农产品，其标识上应标注绿色食品标志及认证编号。绿色食品标志不仅是消费者识别绿色食品的重要依据，还是农产品质量的保证。正确标注绿色食品标志有助于提升农产品形象，增强消费者的信任感。

5．其他相关信息的标注

除上述的基本信息外，绿色农产品的标注还可以包含生产者的名称、联系方式等其他相关信息，以便消费者在需要时能够及时获取帮助。此外，对于具有特殊营养成分或功能的农产品，还可以标注营养成分表、功能介绍等信息，帮助消费者更加深入地了解农产品的特性和价值。

为确保绿色农产品的包装和标注标准有效实施，需要从以下方面入手：一是加强宣传教育和培训，提高生产者对包装和标注标准的认识和重视程度；二是强化监管力度，建立专门的监管机构，对绿色农产品的包装和标识进行定期检查和评估；三是加强与国际接轨，借鉴国际先进经验和做法，不断完善和提高我国绿色农产品的包装和标注标准体系；四是鼓励社会监督，充分发挥消费者、媒体等社会力量的监督作用，共同推动绿色农产品市场的健康发展。

（七）绿色农产品的认证与监管

绿色农产品的认证是确保其质量和安全的重要环节。认证机构通过对生产企业的审核和产品的检测，确认其符合绿色农产品的标准和规定，并颁发相应的认证证书。同时，政府和相关机构需要加强对绿色农产品的监管，确保其生产、加工、销售等环节的合规性。对于违规行为，依法进行处罚。

1．绿色农产品的认证流程

绿色农产品的认证是确保农产品符合绿色、环保、健康标准的重要手段。一般而言，绿色农产品的认证流程包括以下方面。

① 申请与受理

生产者向认证机构提交绿色农产品的认证申请，按照要求填写申请书并提供相关文件资料。认证机构对申请进行审查，符合要求的予以受理。

② 检查与评定

认证机构按照绿色农产品认证标准对申请者的生产环境、生产过程、产品质量等方面进行检查和评定。检查方式包括现场检查、文件审核、产品检测等。评定结果将作为是否授予绿色农产品认证的依据。

③ 认证决定

认证机构根据检查和评定结果，对符合绿色农产品认证标准的申请者作出认证决定，并颁发绿色农产品认证证书和标志使用权。对不符合认证标准的申请者，认证机构将通知其不予认证的原因。

④ 监督与管理

认证机构需要对获得绿色农产品认证的生产者进行定期的监督检查和不定期的抽查，以确保其持续符合绿色农产品的认证标准。同时，认证机构还需要负责处理消费者对绿色农产品的投诉和举报，维护消费者权益。

2．绿色农产品的监管机构与职责

为确保绿色农产品的认证与监管工作有效实施，需要建立专门的监管机构并明确其职责。一般而言，绿色农产品的监管机构包括政府部门、行业协会、认证机构等。

① 政府部门的职责

政府部门在绿色农产品的监管中发挥着主导作用。其职责包括制定绿色农产品的相关法规和政策，设立专门的监管机构负责绿色农产品的认证与监管工作，组织开展绿色农产品的监督检查和抽查等。

② 行业协会的职责

行业协会在绿色农产品的监管中发挥着桥梁和纽带的作用。其职责包括制定行业标准和规范，推动行业自律和诚信建设，组织开展行业内的交流与合作等。同时，行业协会还可以协助政府部门开展绿色农产品的监督检查和抽查等工作。

③ 认证机构的职责

认证机构是绿色农产品认证与监管的核心力量。其职责包括受理生产者的认证申请，按照绿色农产品认证标准进行检查和评定，作出认证决定并颁发证书和标志使用权，对获得认证的生产者进行持续的监督检查和抽查等。同时，认证机构还应建立完善的投诉处理机制，及时处理消费者对绿色农产品的投诉和举报。

3．绿色农产品的监管措施

为确保绿色农产品的质量和环保属性，需要采取以下的监管措施。

① 建立完善的法律法规体系

通过制定相关法律法规和政策文件，明确绿色农产品的定义、标准、认证程序、监管职责等方面的要求，为绿色农产品的监管提供有力的法律保障。

② 加大监督检查和抽查力度

政府部门和认证机构应定期对获得绿色农产品认证的生产者进行监督检查和抽查，确保其持续符合绿色农产品的认证标准。对于发现的问题和违规行为，应及时进行处理并公开曝光。

③ 推动信息化建设

通过建立信息化平台和技术手段，实现绿色农产品的生产、加工、销售等环节的全程可追溯和信息共享。这有助于提高监管效率和透明度，降低监管成本。

④ 加强国际合作与交流

积极参与国际绿色农产品认证与监管的合作与交流活动，借鉴国际先进经验和做法，不断提高我国绿色农产品的认证与监管水平。

三、绿色农产品的市场前景与发展趋势

随着消费者对食品安全与健康的日益关注及环保意识的不断增强，绿色农产品的市场需求不断增长。同时，政府也加大了对绿色农产品产业的扶持力度，推动了其快速发展。可以预见，未来绿色农产品市场将迎来更加广阔的前景。

在电子商务领域中，绿色农产品凭借其安全、健康、优质等特性，展现出巨大的市场潜力和发展机遇。农产品电子商务运营者可以通过线上线下相结合的方式，拓展绿色农产品的

销售渠道，提高农产品的知名度和美誉度。同时，利用大数据分析、物联网技术等现代科技手段，实现对绿色农产品的生产、加工、销售等环节的智能化管理，提升农产品质量和运作效率。

通过了解农产品分类知识及绿色农产品相关规定，我们可以更加全面地了解农产品电子商务运营的基础和关键。农产品电子商务运营者应根据市场需求动态和消费者偏好，选择合适的农产品品类和绿色农产品进行销售与推广。同时，应加强对绿色农产品的质量控制和监管力度，确保农产品的安全性和可靠性。在未来的发展中，农产品电子商务运营者应积极创新营销方式和服务管理模式，不断提升自身竞争力和市场影响力。

案例链接

案例一　突出生态改良和产业带动 打造盐碱地上的“绿色粮仓”

河北省黄骅市是盐渍化土壤集聚的典型地区，面对不利的种植环境，当地政府通过科技创新改造盐碱地，探索形成了“秸秆还田+深耕深翻+增施有机肥或土壤调理剂”的综合技术模式，使耕地面积由1980年的77万亩增加到目前的141万亩。种子是农业的“芯片”，1989年中捷农科所培育出“冀麦32”，开启了“以种适地”的新征程。之后又选育出“捷麦19”“捷麦20”等品种，比常规小麦亩均节水150立方米以上，已推广到天津南部、山东北部等滨海潮土区域，在新疆和硕县连续4年进行适应性试验种植，增产成效显著。在播种技术方面，黄骅市普遍采用微沟播种技术，即在小麦播种机上加装开沟器，从而在麦田里开出一条条微沟，沟底两侧各种一行小麦，再进行覆土压实。这种技术增强了土壤毛细管的连接，有助于小麦更好地吸取水分和养分，实现提墒保墒的目的。

在此基础上，黄骅市不断延长绿色产业链条，打造“旱碱麦名片”。现拥有大型面粉加工企业5家，年加工能力20万吨以上，“黄骅面花”入选河北省非物质文化遗产名录及全国特色食品目录。

案例二　多措并举推行绿色生产 全面增强粮食综合生产能力

虎林市位于黑龙江省东部，以乌苏里江为界与俄罗斯隔江相望。市域总面积9 334平方公里，耕地面积714万亩，域内有6个国营农场、2个森工林业局。近年来，虎林市坚持生产生态协调发展，持续推进保供给、重建设、强科技、抓衔接，因地制宜推广绿色技术，加强耕地保护，提升耕地质量，稳步提高农业综合生产能力，在保障国家粮食安全上持续发挥支撑作用。目前，虎林市粮食产量实现“二十连丰”，耕地质量提升0.9个等级，提升率为4.1%，耕层厚度提高3.6厘米，土壤有机质含量提高2.1克/千克，连续八年获评全国产粮大县，连续十四年获评全国水稻绿色高质高效行动示范县，先后获得全国农作物病虫害专业化“统防统治百强县”、东北黑土地保护利用项目县，成功入选全国农业现代化示范区创建名单。

任务2 网络销售平台认知

随着互联网和电子商务的快速发展，越来越多的农产品通过网络销售平台走进千家万户。京东、淘宝、拼多多等主流电子商务平台凭借其庞大的用户基础、高效的物流体系和丰富的营销策略，成为农产品电子商务运营的重要渠道。为了更好地开展农产品电子商务运营工作，我们必须深入了解这些主流电子商务平台。本任务将重点介绍京东、淘宝、拼多多平台的特点、相关规则及农产品的运营策略，旨在为农产品电子商务运营者提供参考和指导。

一、京东平台及其相关规则

（一）京东平台介绍

京东，作为中国领先的电子商务平台之一，以其强大的供应链管理能力、优质的客户服务体验和广泛的商品种类，在农产品电子商务领域中占据了重要的地位。京东平台不仅为消费者提供了丰富多样的农产品选择，还为农产品生产者和商家提供了一个高效、便捷的销售渠道。

京东平台拥有庞大的用户群体和高效的物流体系，这使得农产品能够快速、准确地送达消费者手中。通过京东平台，消费者可以轻松购买来自全国各地的优质农产品，享受便捷、安全的购物体验。同时，京东平台还提供了丰富的营销工具和推广渠道，帮助农产品生产者和商家提高品牌知名度，扩大市场份额。

在农产品质量控制方面，京东平台始终保持高标准、严要求。通过与权威机构合作，建立了一套完善的农产品质量检测体系，确保所售农产品的质量安全。此外，京东平台还注重农产品的溯源体系建设，让消费者能够了解到农产品的生产过程和来源信息，增强了消费者的信任感。

为了进一步提高农产品电子商务的运营效果，京东平台积极引入先进的技术手段和创新模式。例如，利用大数据和人工智能技术，深入研究消费者需求并做出精准预测，为农产品生产者和商家提供更有针对性的市场分析和营销策略建议。同时，京东平台还探索了农产品预售、众筹等新型销售模式，帮助农产品生产者和商家减轻库存压力，提高资金周转率。

在农产品品牌建设方面，京东平台也给予了大力支持。通过举办农产品品牌推广活动、建立农产品品牌专区等方式，提升农产品品牌的知名度和美誉度。此外，京东平台还与地方政府、行业协会等机构合作，共同推动农产品区域公用品牌的建设和发展，助力农产品产业的升级和转型。

除上述的优势和服务外，京东平台还非常注重用户体验和客户服务。通过不断优化购物流程、提高物流配送效率、完善售后服务等方式，为消费者提供更加优质、便捷的购物体验。

同时，京东平台还建立了完善的客户服务体系，通过在线客服、电话客服、微信客服等多种渠道，及时解答消费者的问题和疑虑，提高客户满意度。

总体而言，京东平台在农产品电子商务运营中发挥着重要的作用。通过其强大的供应链管理能力、完善的客户服务体系和广泛的商品种类等优势，为农产品生产者和商家提供了一个高效、便捷的销售渠道。同时，京东平台还注重农产品质量控制、品牌建设和用户体验等方面的提升和完善，为推动农产品电子商务的健康可持续发展贡献力量。未来随着技术的不断创新和市场的不断拓展，京东平台在农产品电子商务运营中的影响力将进一步提升，为消费者和生产者带来更多的便利和机遇。京东平台页面如图 1-9 所示。

图 1-9　京东平台页面

（二）京东平台相关规则

1．入驻规则

商家需要符合京东平台的入驻要求，包括企业资质、品牌授权、产品质量等方面的条件。同时，商家还需要缴纳一定的保证金和服务费。

2．商品发布规则

商家需要按照京东平台的商品发布规范填写商品信息和上传图片，确保商品信息的准确性和完整性。京东平台对商品信息有严格的审核机制，不符合规定的商品将被驳回或下架处理。

3．交易规则

京东平台采用在线支付方式进行交易，商家需要遵守平台的交易流程和时间限制。同时，京东平台对商家的售后服务有严格的要求，商家需要及时响应并妥善解决消费者的售后问题。

4. 营销规则

京东平台提供了多种营销工具和推广方式，商家可以根据自身需求选择合适的营销策略进行推广。不过商家必须遵守平台的营销规定，禁止任何形式的恶性竞争和违规行为。

二、淘宝平台及其相关规则

（一）淘宝平台介绍

淘宝，作为中国最大的网络零售平台之一，以其开放的市场环境、灵活的交易模式和丰富的商品种类，在农产品电子商务领域中展现出了强大的生命力和广阔的市场前景。淘宝平台不仅汇聚了众多优质的农产品生产者和商家，为消费者提供了丰富多样的农产品选择，还通过创新的营销策略和服务体系，推动了农产品电子商务的快速发展。

在淘宝平台上，农产品销售呈现出蓬勃的生机。从新鲜的蔬菜水果、优质的粮油米面，到独具特色的地方特产、珍稀的野生食材，各式各样的农产品应有尽有，满足了消费者多样化的需求。同时，淘宝平台还通过直播、短视频等新媒体形式，让消费者能够更加直观地了解农产品的生长环境和加工过程，增强了消费者的购买信心。

对于农产品生产者和商家而言，淘宝平台提供了一个成本低、效率高的销售渠道。通过淘宝平台，他们可以直接面对消费者，减少中间环节，提高销售效率。淘宝平台还提供了丰富的营销工具和推广渠道，帮助他们提升品牌知名度，扩大市场份额。此外，淘宝平台还注重培养农产品电子商务人才，通过举办培训、分享会等活动，提高农产品生产者和商家的电子商务运营能力。

在农产品质量控制方面，淘宝平台同样有着严格的标准和要求。通过与权威机构合作，建立了完善的农产品质量检测体系，对平台入驻的农产品进行严格的质量把关。淘宝平台还鼓励农产品生产者和商家进行质量认证和溯源体系建设，提高农产品的质量和安全性。对于出现质量问题的农产品，淘宝平台会采取严厉的处罚措施，保障消费者的权益。

除质量控制外，淘宝平台还非常注重用户体验和客户服务。通过不断优化购物流程、提高物流配送效率、完善售后服务等方式，为消费者提供更加优质、便捷的购物体验。同时，淘宝平台还建立了完善的客户服务体系，通过在线客服、电话客服、智能机器人等多种渠道，及时解答消费者的问题和疑虑，提高客户满意度。此外，淘宝平台还注重保护消费者的隐私和数据安全，为消费者提供一个安全、放心的购物环境。

在农产品品牌建设方面，淘宝平台也给予了大力支持。通过举办农产品品牌推广活动、建立农产品品牌专区等方式，提升农产品品牌的知名度和美誉度。淘宝平台还鼓励农产品生产者和商家进行品牌化运营，通过包装设计、讲述品牌故事等方式，打造具有地方特色的农产品品牌。此外，淘宝平台还与地方政府、行业协会等机构合作，共同推动农产品区域公用品牌的建设和发展，助力农产品产业的升级和转型。

总体而言，淘宝平台在农产品电子商务运营中展现出了强大的生命力和广阔的市场前景。

通过其开放的市场环境、灵活的交易模式和丰富的商品种类等优势，为农产品生产者和商家提供了一个高效、便捷的销售渠道。淘宝平台还注重农产品质量控制、品牌建设和用户体验等方面的提升和完善，为推动农产品电子商务的健康可持续发展作出贡献。淘宝平台页面如图 1-10 所示。

图 1-10 淘宝平台页面

（二）淘宝平台相关规则

1. 入驻规则

淘宝平台对商家的入驻要求相对宽松，个人和企业均可申请入驻。商家需要遵守平台诚信经营的原则，不得进行欺诈和违规行为。

2. 商品发布规则

淘宝平台要求商家按照平台的商品发布规范填写商品信息和上传图片。同时，淘宝平台对商品的质量和安全性有严格要求，不符合标准的商品将被下架，商家将被处罚。

3. 交易规则

淘宝平台支持多种交易方式，包括在线支付、货到付款等。商家需要遵守平台的交易流程和时间限制，确保交易的顺利进行。同时，淘宝平台对商家的售后服务也有明确要求，商家需要积极处理消费者的投诉和纠纷。

4. 营销规则

淘宝平台提供了丰富的营销工具和推广方式，如淘宝直播、直通车等。商家可以根据自身需求选择合适的营销手段进行推广，但需要遵守平台的营销规范，不得进行恶性竞争和违规行为。

三、拼多多平台及其相关规则

（一）拼多多平台介绍

拼多多，作为近年来迅速崛起的社交电子商务平台，以其独特的团购模式、渗透定价策略及庞大的用户群体在农产品电子商务领域中脱颖而出。拼多多平台不仅为消费者带来了实惠的价格和丰富的选择，更为农产品生产者和商家提供了一条新的销售路径，成为推动农产品上行的重要力量。

在拼多多平台上，农产品销售展现出前所未有的活力。借助社交裂变的力量，农产品团购活动迅速在消费者之间传播，形成了强大的购买力。这种基于社交的团购模式，不仅降低了农产品的销售价格，还通过集中采购和统一配送，提高了农产品的流通效率。无论是时令水果、新鲜蔬菜，还是其他各类特色农产品，拼多多平台都能够满足消费者多样化的需求。

对于农产品生产者和商家而言，拼多多平台提供了一个全新的销售渠道。通过入驻拼多多平台，他们可以直接接触到庞大的消费者群体，实现产地直达餐桌的无缝对接。同时，拼多多平台还提供了丰富的营销工具和推广渠道，如砍价游戏、朋友助力等社交活动，使农产品销售过程变得更加有趣和高效。这些创新的销售模式不仅降低了销售成本，还提高了农产品的知名度和品牌影响力。

在农产品质量控制方面，拼多多平台同样有着严格的标准和要求。平台与专业的检测机构合作，对上架的农产品进行严格的质量把关。此外，拼多多平台还鼓励农产品生产者和商家进行质量认证和溯源体系建设，确保农产品的质量和安全。针对存在质量问题的农产品，拼多多平台会采取严厉的处罚措施，全力维护消费者的权益。

除质量控制外，拼多多平台还非常注重用户体验和客户服务。通过优化购物流程、提高物流配送效率及完善售后服务等方式，为消费者提供更加优质、便捷的购物体验。拼多多平台的客户服务团队通过在线客服、电话客服等多种途径，迅速解决消费者的问题，确保消费者的购物体验顺畅。同时，拼多多平台还注重保护消费者的个人信息和数据安全，为消费者营造一个安全可靠的消费环境。

在农产品品牌建设方面，拼多多平台也给予了农产品品牌极大的扶持力度。通过组织品牌推广活动、设立品牌专区等方式，提升农产品品牌的知名度和美誉度。同时，拼多多平台还鼓励农产品生产者和商家实施品牌化运营策略，运用包装设计、讲述品牌故事等方式，塑造具有地方特色的农产品品牌。这种品牌化运营的策略不仅提高了农产品的附加值，还增强了消费者对农产品的认知和信任感。

综上所述，拼多多平台以其独特的团购模式、渗透定价策略及庞大的用户群体等优势，在农产品电子商务领域中取得了显著的成绩。通过创新的销售模式、严格的质量控制及优质的用户体验等举措，既让消费者享受到了更多优惠和选择，也为农产品生产者和商家提供了一条新的销售路径，成为推动农产品向上发展的关键平台之一。随着技术进步和市场扩展，拼多多平台在未来农产品电子商务领域中的影响力将不断扩大，为消费者和生产者带来更多的便利和机遇。同时，拼多多平台将继续探索和创新，为农产品电子商务运营的发展注入新的活力和动力。拼多多平台页面如图 1-11 所示。

图 1-11　拼多多平台页面

（二）拼多多平台相关规则

1．入驻规则

拼多多平台对商家的入驻条件较为开放，但要求商家必须认同平台的经营理念和定位。

2．商品发布规则

拼多多平台要求商家遵循平台制定的商品信息发布准则，包括填写商品信息和上传图片。平台对商品的价格和质量有严格要求，商家需要确保所售商品的价格合理、质量可靠。

3．交易规则

拼多多平台采用在线支付方式进行交易，商家必须遵守平台制定的交易流程和时间框架。此外，拼多多平台对商家的售后服务也提出具体要求，商家需要及时响应、妥善处理消费者的售后问题，并承担相应的责任。

4．营销规则

拼多多平台注重社交互动和分享传播。商家可以通过平台提供的营销工具进行推广，但所有营销活动均需要遵守平台的规定，禁止任何形式的不正当竞争和违规行为。同时，拼多多平台鼓励商家与消费者进行互动和交流，建立良好的客户关系。

四、农产品在主流网销平台上的运营策略

（一）选择合适的平台入驻

农产品电子商务运营者应当根据自身产品特点和目标消费群体选择合适的网销平台。例如，定位高端、追求品质保障的农产品，可以选择京东平台；具有地域特色、适合个性化推荐的农产品，可以选择淘宝平台；适合团购模式、价格具有竞争力的农产品，可以选择拼多多平台。

（二）优化商品信息展示

在主流网销平台上，商品信息的展示是吸引消费者的关键。农产品电子商务运营者需要按照平台的商品发布规范填写商品信息、上传高质量的图片和视频资料，充分展示农产品的品质、特点及优势。同时，可以采用故事化或情感化的营销方式增强商品的吸引力。

（三）制定合理的价格策略

价格是消费者购买决定的重要因素之一。农产品电子商务运营者需要综合考虑市场需求、竞争状况和成本等因素，制定合理的价格策略。在主流网销平台上，可以通过促销活动、发放优惠券等方式吸引消费者并提高转化率。

（四）提供优质的客户服务

在主流网销平台上，优质的客户服务是提升消费者满意度和忠诚度的关键。农产品电子商务运营者需要及时回复消费者的咨询和投诉、妥善解决售后问题、关注消费者评价并不断改进产品和服务质量。另外，通过建立会员体系、定期推送优惠信息等方式与消费者保持联系并促进复购。

通过对京东、淘宝、拼多多等主流网销平台的介绍和相关规则的解析，我们可以更加深入地了解这些平台的特点和运营要求。农产品电子商务运营者需要根据自身情况选择合适的平台入驻，并通过优化商品信息展示、制定合理的价格策略、提供优质的客户服务等策略提升运营效果。随着电子商务的不断发展和创新，未来农产品在主流网销平台上的运营将面临更多机遇和挑战。因此，农产品电子商务运营者需要保持敏锐的市场洞察力和创新能力，不断适应市场变化，寻求新的发展机遇。

案例链接

案例一　县域农村超一线城市，成最大线上消费市场

京东发布《2023 线上农产品消费报告》显示，我国近 5 年线上农产品市场高速发展，带动了供给、消费双增长。全国各地农产品产区积极建设线上消费通道，2023 年 1 月至 8 月期间，农产品上行的发货区县呈现高倍增长趋势。广西、贵州、云南、山西、陕西、江西六个省份的农产品上行销量相较于 2019 年增长超过 10 倍。线上农产品的品牌化发展迅速，品牌数量相比 2019 年增长 5.7 倍。

山东是线上农产品上行的大省，销售的农产品占全国的19%，是肉类、水果、水产等农产品的重要产地。辽宁是著名的粮食产地，在京东平台上售出的农产品占整体农产品销售的18.7%。四川、河南、江苏凭借各具特色的农产品进入线上农产品热销产地的前5位。

县域农村是近5年线上农产品消费增长最快的地区，2023年1月至8月期间，农产品销量比2019年同期增长184%。县域农村超过一线城市，成为最大的线上农产品消费市场。

案例二 “农产品+网络直播”

在海南省海口市石山镇举行的互联网农业小镇创客沙龙专场推介会上，4名“创客”变身“网红”，通过网络直播的方式向全国推广特色农产品。海南某公司董事长在直播中推销起火山玫瑰加工的成品：香皂、精油，鲜花饼。除在实体店购买外，全国观众也可在微信上下单。创新了“农产品+网络直播”的销售模式。

任务3 农产品的定位与目标人群分析

在农产品电子商务运营中，对农产品进行准确定位及深入分析目标人群，是确保运营成功的关键步骤。通过数据收集、产品定位分析及人群画像等手段，我们可以更加精准地把握市场需求，为消费者提供符合其期望的农产品，从而促进销售增长和品牌提升。本任务将讲解农产品的定位与目标人群分析的方法和步骤。

一、数据收集与分析

（一）数据收集的重要性

在农产品电子商务运营中，数据收集的重要性不言而喻。随着信息技术的迅猛发展和电子商务的广泛应用，数据已经成为农产品电子商务运营的核心资源，对指导决策制定、优化运营流程、增强市场竞争力具有重要的作用。

数据收集有助于农产品电子商务运营者精准把握市场需求。通过对消费者购买行为、搜索记录、浏览轨迹等数据的收集和分析，农产品电子商务运营者可以深入了解消费者的需求和偏好，有针对性地调整商品策略、优化库存结构，更好地满足市场的多样化需求。此外，数据收集还可以帮助农产品电子商务运营者发现潜在的市场机会和消费者群体，为拓展市场份额提供有力支持。

数据收集在农产品质量控制和溯源体系建设方面发挥着重要作用。通过对农产品的生产、加工、流通等环节的数据进行收集和分析，农产品电子商务运营者可以建立完善的农产品质量控制和溯源体系，确保农产品的质量和安全。这不仅有助于提升消费者对农产品的信任度和满意度，还可以为树立良好的企业形象和品牌声誉。

数据收集对于农产品电子商务运营者的营销决策同样具有重要意义。通过对市场趋势、竞争态势、消费者行为等数据的收集和分析，农产品电子商务运营者可以制定更加精准、有效的营销策略和推广方案。同时，数据收集还可以帮助农产品电子商务运营者评估营销活动的效果和投入产出比，为优化营销预算和资源配置提供科学依据。

在农产品品牌建设方面，通过收集和分析消费者反馈、品牌知名度和美誉度等数据，农产品电子商务运营者可以更加清晰地了解自身品牌在市场中的定位及表现，更加有针对性地加强品牌建设和推广力度。同时，数据收集还可以帮助农产品电子商务运营者发现品牌传播过程中的不足之处，为提升品牌影响力与市场竞争力提供支持。

数据收集在农产品电子商务运营中的供应链管理、物流配送、客户服务等方面也发挥着重要作用。通过对供应链各环节的数据进行收集和分析，农产品电子商务运营者可以实现供应链的透明化与可视化管理，加快供应链的响应速度，增强其灵活性。数据收集还可以帮助农产品电子商务运营者优化物流配送路线和配送时间，提高物流配送效率和服务质量。在客户服务方面，数据收集有助于农产品电子商务运营者更加准确地了解消费者的需求和问题，及时提供个性化的解决方案，确保优质的服务体验。

总而言之，数据收集在农产品电子商务运营中具有重要的作用。它不仅是农产品电子商务运营者精准把握市场需求、优化运营决策的重要依据，还是提升农产品质量控制、加强品牌建设、优化供应链管理等方面的重要支撑。因此，农产品电子商务运营者必须高度重视数据收集工作，建立完善的数据收集和分析体系，不断提升数据收集的质量和效率，为企业的可持续发展注入强大的动力。同时，面对技术的不断创新和市场的不断拓展，农产品电子商务运营者还应积极探索新的数据收集方法和应用场景，深入挖掘数据的潜在价值，为企业的创新发展提供有力支持。

（二）数据收集的途径

1．用户调研

通过精心设计的问卷调查和深入的访谈，我们能够收集到消费者对农产品电子商务运营平台的使用习惯、满意程度及改进建议等信息。这些信息对于改善产品功能、提升服务质量具有重要的价值。

2．网络爬虫

通过合理设计和使用自动化脚本程序，我们可以从农产品电子商务运营平台高效抓取各类商品信息，包括但不限于产品描述、价格、库存状态，以及用户评价和反馈。这些数据对于分析市场趋势、消费者偏好及竞争对手情况至关重要。需要注意的是，在进行网络爬虫行为时必须检查并遵循网站服务条款、遵循目标网站的 robots.txt 文件，尊重网站关于爬虫访问的规则，并且确保没有侵犯数据所有权和隐私权。在进行网络爬虫活动前，务必确认已获得相应权限并符合法律法规的要求。

3．平台 API 接口

利用农产品电子商务运营平台提供的 API 接口，我们可以获取翔实的农产品销售数据，包括销售量、销售额、用户行为数据等多个方面。这些数据有助于我们深入了解用户行为模式，优化产品推荐算法，提升用户体验。

4．数据库查询

直接访问农产品电子商务运营平台的数据库，查询销售记录、用户信息等内容，可以获取最原始、最准确的数据。这些数据对于分析用户购买行为、优化库存管理等方面具有重要意义。

5．物流数据

与物流公司合作，通过数据接口我们可以获取农产品配送时效、破损率、配送成本等关键物流信息。这些数据对于评估物流合作伙伴的表现、优化配送流程至关重要。

6．政府数据

查询政府公开发布的关于农产品的生产、销售、进出口等数据，可以为我们的分析提供宏观市场背景和政策导向。这些数据对于预测市场趋势、制定长远战略规划具有重要的参考价值。全国农产品批发市场重点监测的畜禽产品价格及变化幅度，如表 1-1 所示。（数据来源：农业农村部信息中心 2024 年 7 月 26 日—2024 年 8 月 1 日）

表 1-1　全国农产品批发市场重点监测的畜禽产品价格及变化幅度

产品种类	上周	本周	去年同期	环比	同比
	单位（元/公斤）			（%）	
猪肉	25.03	25.24	19.12	0.8	32.0
羊肉	59.15	59.01	63.35	−0.2	−6.9
牛肉	61.22	60.65	70.59	−0.9	−14.1
鸡蛋	9.96	9.88	9.86	−0.8	0.2
白条鸡	17.50	17.56	17.73	0.3	−1.0

7．行业报告

收集并分析行业研究机构发布的农产品电子商务市场分析报告，可以使我们站在更高的角度洞察行业动态、竞争格局和未来趋势。这些报告是制定市场策略不可或缺的参考资料。

8．社交媒体分析

通过分析农产品电子商务运营平台在社交媒体上的用户讨论和口碑等信息，我们可以捕捉到消费者的真实反馈和情感倾向。这些信息对于品牌建设、危机管理及产品改进具有指导作用。

（三）数据分析的方法

1．描述性统计

对收集到的数据进行整理与分类，计算各类指标的平均值、众数、标准差等数据，以此描述数据的基本情况。

2．相关性分析

利用相关系数、协方差等统计数据，分析不同变量之间的关联程度，如农产品的价格与销量之间的关系。

3．聚类分析

将具有相似特征的消费者或农产品划分为一类，有助于进行更加精准的目标市场定位和营销策略制定。

二、产品定位分析

（一）产品定位的概念

产品定位是指企业根据市场需求和竞争状况，为农产品在消费者心中树立一个独特且有价值的形象。在农产品电子商务运营中，产品定位关乎农产品的质量、价格、包装、营销等多个方面。产品定位如图1-12所示。

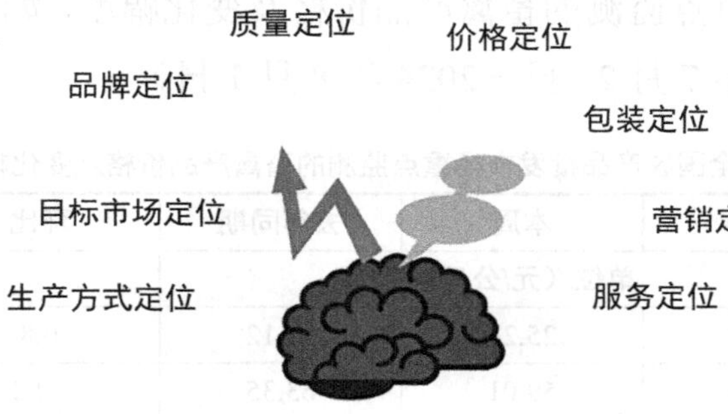

图1-12　产品定位

（二）产品定位的步骤

1．确定目标市场

通过对市场进行细分，选择适合自身农产品的目标市场。

2．分析竞争对手

了解竞争对手的产品特点、价格策略、营销方式等信息，以便找到自身农产品的差异点。

3．挖掘产品优势

从质量、口味、营养价值等方面挖掘农产品的独特优势。

4．制定营销策略

根据产品定位和目标人群特点，制定合适的营销策略，如定价策略、促销活动等。

（三）产品定位的原则

1．真实性原则

产品定位必须基于农产品的真实特点，不能夸大其词或虚假宣传。

2．差异化原则

在同类农产品中，要突出自身产品的独特性和优势，形成差异化竞争。

3．可行性原则

产品定位既要符合企业的实际情况，又要满足市场需求，具有可操作性和可实现性。

三、人群画像构建

（一）人群画像的概念

人群画像是指根据消费者的年龄、性别、地域、职业、收入等特征，将其细分为不同的群体，并对每个群体的消费习惯、需求偏好等方面进行深入分析。在农产品电子商务运营中，人群画像有助于我们更精准地把握目标人群的需求和特点。人群画像如图 1-13 所示。

图 1-13　人群画像

（二）人群画像的构建步骤

1．数据收集

收集目标人群的相关数据，如年龄范围、性别比例、地域分布等。

2．特征提取

从已获取的数据中提取出关键特征，如消费能力、购买频率等。

3．标签化处理

将提取出的特征进行标签化处理，如“消费水平高”“购买频次低”等。

4．人群分类

根据标签将目标人群划分为不同的类别，如“品质型消费者”“兴趣型消费者”等。

（三）人群画像的应用

1．营销策略制定

针对不同的人群类别，制定相应的营销策略和推广方式。

2．产品优化

根据目标人群的需求和偏好，对农产品进行品质提升、包装设计等方面的优化。

3. 市场预测

通过对人群画像的分析，预测未来市场的发展趋势和新兴需求。

通过对农产品的定位与目标人群分析，我们可以更加精准地把握市场需求和消费者特点，为农产品电子商务运营提供有力支持。在未来的发展中，随着大数据、人工智能等技术的不断进步和应用，农产品电子商务运营将更加智能化和个性化。因此，农产品电子商务运营者需要不断学习掌握新技术和新方法，以适应市场的变化和消费者的需求。同时，也需要注重产品的质量与安全，为消费者提供健康、优质的农产品。

案例链接

案例一 探究盒马鲜生

盒马鲜生是阿里巴巴集团进军生鲜电子商务的重要布局，作为国内“新零售”行业的先头军，从成立伊始，就已经明确了其定位及发展模式，着重布局生鲜市场，通过线上线下相结合的方式开创零售新业态。

经过近 4 年的探索，盒马鲜生成功打通线上线下场景的新零售生鲜电子商务，顺利进入生鲜电子商务行业的第一梯队，其独具特色的发展模式已成为“新零售”行业的标杆。

定位：以数据和技术为核心驱动的新零售平台。

产品供应：海外直采主要采购全球优质水产、肉制品、果蔬、乳制品等商品；国内直采则结合实际情况分为两种模式，第一种是单品的，如赣南橙、阿克苏苹果，这种国内有成熟基地的农产品，直接到基地做品控和采购，第二种，如蔬菜、肉类等商品基于与本地企业合作，早上采摘下午送到门店售卖。

商品品类：拥有 6 000～8 000 个 SKU，盒马鲜生主打生鲜产品，线下门店食品占比 80%，其中生鲜占比达 20%，其线上产品主要包括新鲜水果、时蔬净菜、肉禽蛋品、海鲜水产、乳品冻食、餐饮烘焙、休闲零食、酒水饮料、粮油百货等模块。

仓储：仓店一体化模式，目前已覆盖了 30 余个城市，拥有超过 400 家门店。

配送：盒马鲜生承诺门店 3 公里范围内，30 分钟送货到家。

用户来源：盒马鲜生的生鲜餐饮区占到了营业面积的三分之一，吸引顾客到线下店体验，熟悉产品特征后在线上持续回购下单。

案例二 B2C 生鲜电子商务的目标消费者定位

对于生鲜电子商务平台而言，通过生鲜产品与消费者进行“沟通”至关重要。什么是“生鲜”产品？顾名思义，售卖的产品是“生的”，也就意味着大部分产品是不能直接食用的，需要进行二次加工才能吃；售卖的产品是“鲜”的，也就是说所售产品的保质期较短，且部分产品必须冷藏或冷冻才能保持“鲜的”状态。

在 B2C 生鲜电子商务平台中，通常把目标消费者定位为年轻人。只有把年轻人购买“生鲜”的行为研究清楚，才能更好地拓展平台。年轻人的生活方式往往围绕互联网展开，他们喜欢刷视频、网购、玩游戏等活动。“年轻人”这类人群画像，对于生鲜电子商务平台来说，尤其是B2C生鲜电子商务平台，需要具体的描述。错误的用户定位、用户画像，会在平台运营过程中起反作用，拓展得越快，平台衰退得也就越快。

任务4　农产品销售团队组建及岗位职责认知

在农产品电子商务运营过程中，一个高效、专业的销售团队是确保企业成功的关键因素之一。销售团队的组建涉及人员选拔、岗位设置、职责划分等多个方面，同时还需考虑工作流程、运营模式及遵守相关的法律法规。本任务将详细阐述农产品电子商务销售团队的组建及岗位职责，为相关从业者提供指导和参考。

一、农产品销售团队组建

（一）团队规模与人员构成

根据农产品电子商务企业的规模和业务需求，确定销售团队的规模和人员构成。一般来说，销售团队应包括销售经理、销售代表、客户服务专员等角色。销售经理负责团队整体销售策略制定、销售目标设定、团队管理及业绩评估；销售代表负责具体客户的开发、维护和销售任务的执行；市场调研员负责收集市场信息、竞争对手分析、客户需求调研；客户服务代表负责处理客户咨询、投诉、售后服务，提升客户满意度；物流协调员负责协调产品配送、物流跟踪，确保产品按时送达；财务人员负责销售款项的收取、记录及财务报表的制作；产品开发与质量监控人员负责农产品研发、质量检测、标准制订与实施；数据分析师负责销售数据的收集、分析。农产品销售团队如图1-14所示。

图1-14　农产品销售团队

（二）选拔标准与培训机制

在选拔销售团队成员时，应注重候选人的专业技能、沟通能力、团队协作精神等方面的考察。同时，建立完善的培训机制，对新入职员工进行系统的岗前培训，提升他们的业务能力和职业素养。对于在职员工，也要定期开展技能提升和团队建设活动，保持团队的活力和竞争力。

二、岗位职责介绍

（一）销售经理职责

① 制定销售策略和计划，确保销售目标的实现；

② 管理销售团队，包括人员选拔、培训、考核等工作；

③ 拓展销售渠道，建立并维护与合作伙伴的关系；

④ 分析市场动态和竞争对手情况，为企业决策提供支持；

⑤ 协调与其他部门的工作，保障销售流程的顺畅进行。

（二）销售代表职责

① 负责具体的销售工作，包括客户沟通、需求分析、产品推介等；

② 跟进客户订单，确保按时交货和收款；

③ 维护客户关系，定期回访并了解客户需求变化；

④ 收集市场信息和客户反馈，为调整销售策略提供依据；

⑤ 协助销售经理完成其他销售任务。

（三）客户服务专员职责

① 负责售后服务工作，包括处理客户投诉、退换货等事宜；

② 及时解决并跟进客户问题，提升客户满意度；

③ 管理客户档案，及时更新并保护客户信息安全；

④ 协助销售代表维护客户关系；

⑤ 参与团队内部的知识分享和培训活动。

三、工作流程与常见的运营模式

（一）工作流程

农产品电子商务销售团队的工作流程可分为客户开发→需求沟通→产品推介→订单处理→售后服务 5 个阶段。在这个流程中，各岗位人员需要密切协作，确保销售流程的顺畅进行。同时，销售团队还需要与仓储、物流等部门保持紧密沟通，确保产品供应和交付的及时性。

（二）常见的运营模式

1．B2C 模式（Business to Consumer）

B2C 模式指的是企业直接向消费者销售产品或服务的商业模式。在这种模式下，企业通过互联网平台、实体店铺或其他渠道直接与消费者进行交易，省去了传统分销或零售环节。B2C 模式常见于电子商务网站、品牌直营店等，它能够帮助企业更好地控制品牌形象、客户体验和市场策略。销售团队需关注消费者需求和市场动态，制定具有针对性的销售策略。B2C 模式如图 1-15 所示。

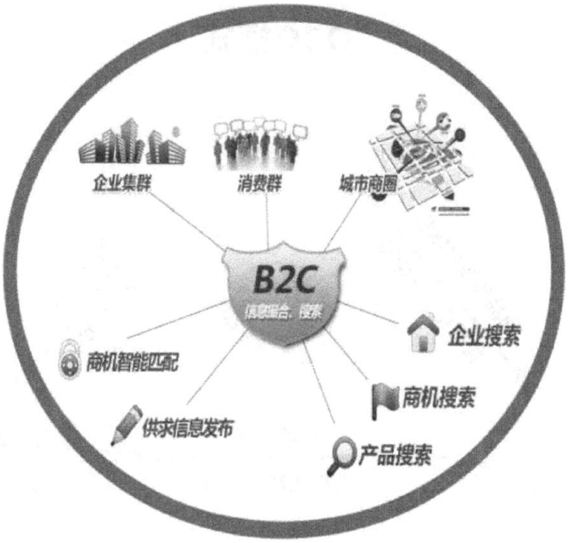

图 1-15　B2C 模式

2．B2B 模式（Business to Business）

B2B 模式是指企业之间通过互联网进行产品、服务及信息的交换。这种模式通常涉及大型交易，如原材料采购、批发交易、供应链管理等。B2B 模式可以降低交易成本，提高效率，使企业能够更快速地响应市场变化，增强竞争力。在 B2B 模式下，企业通常会建立专门的电子商务平台或利用第三方平台进行交易，以实现在线订单处理、库存管理、物流跟踪等功能。销售团队需拓展合作伙伴关系，建立稳定的供应链体系。B2B 模式如图 1-16 所示。

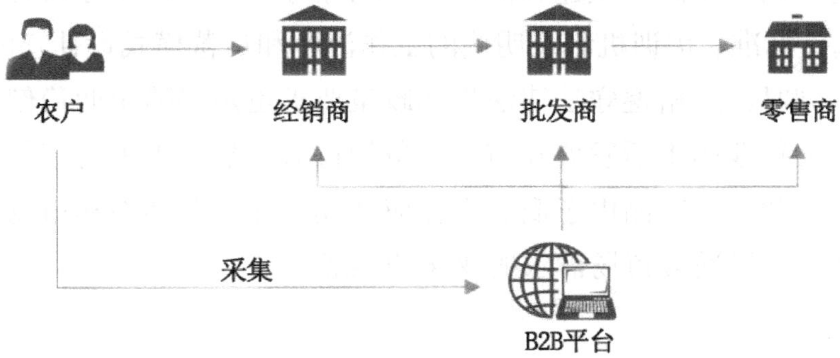

图 1-16　B2B 模式

3．O2O 模式（Online to Offline）

O2O 模式是一种将线上服务与线下商务活动相结合的商业模式。这种模式允许消费者在线上浏览商品或服务信息，并在线下实体店体验或完成交易。O2O 模式通过互联网平台吸引消费者到线下实体店消费，从而实现线上与线下的互动和融合。这种模式在餐饮、零售、旅游、教育等多个领域中广泛应用。销售团队需关注线上线下融合策略的制定和执行。O2O 模式如图 1-17 所示。

图 1-17 O2O 模式

四、法律法规遵循

在农产品电子商务运营过程中，销售团队必须严格遵守相关的法律法规和政策要求。这包括但不限于《中华人民共和国电子商务法》《中华人民共和国食品安全法》等。同时，还需关注行业标准和自律公约等规范性文件的遵守情况。在销售过程中，要确保农产品信息的真实性、准确性和完整性，不得进行虚假宣传或误导消费者。对于涉及消费者权益保护的问题，如退换货政策、隐私保护等，也要给予充分重视并严格执行相关规定。

农产品电子商务销售团队的组建和岗位职责的划分，是确保企业成功运营的关键因素之一。通过合理的选拔标准、培训机制及明确的工作流程和运营模式设计，可以建立一支高效、专业的销售团队。同时，严格遵守法律法规和政策要求也是保障企业稳健发展的重要基础。随着农产品电子商务行业的不断发展和市场竞争的日益激烈，未来对销售团队的要求将更加高标准和多元化。因此，农产品电子商务企业应持续关注行业动态和市场变化，不断优化销售策略和团队管理模式以适应市场需求的变化和挑战。

案例链接

案例一 “人+货+乡”特色乡村农旅电子商务模式 打造乡村振兴新业态

走进湖南省泸溪县，绿油油的辣椒幼苗一片生机盎然。2019 年，某合作社保底收购了椒农的 4 000 多吨辣椒，通过线上线下渠道销售，累计为 14 个村（社区）的 468 户贫困户现金分红，带动了 2 019 人奔向小康，辣椒已成为泸溪县农民脱贫致富奔向小康的“椒傲”产业。而这，只是近年来泸溪大力发展农村电子商务助力乡村振兴实践的一个缩影。

2018 年，泸溪县成为全国电子商务进农村综合示范县。当地引进了惠农网共同开展项目建设，以椪柑和旅游为媒介，以农村电子商务为主要抓手，以乡村振兴为契机，结合独具特色的地域文化，持续探索并深度落地“人+货+乡”的特色乡村农旅电子商务模式，为当地经济发展注入强劲引擎。

“人+货+乡”是泸溪县电子商务发展助力乡村振兴的三个关键因素，即“电子商务人才、特色网货、乡土文化”——通过电子商务人才培训，培育本土化的电子商务人才，助力乡村人才振兴；通过提供农产品网货化服务，让农产品出乡，赋能乡村产业振兴；以乡土文化赋能农村产品，衍生新业态，促进乡土文化振兴，造就美丽新农村。三个因素共同发力，最终形成泸溪县“人+货+乡”特色乡村农旅电子商务模式，共同打造乡村振兴新业态。

案例二　摒弃传统+顺势而为

在河北省清河县，电子商务成为了最具特色的商业群体，清河县也成了全国最大的羊绒制品网络销售基地。全县淘宝及天猫店铺超过 2 万家，年销售 15 亿元，羊绒制品销售占淘宝网的 70%以上。

在基础设施建设方面，清河县不断加大力度。目前，电子商务产业园、物流产业聚集区及仓储中心等电子商务产业聚集服务平台正在建设中，清河县正在实现由“淘宝村”向“淘宝县”的转型提升。在暴发中顺势而为，一是“协会+监管+检测”，维护正常市场秩序；二是“孵化中心+电子商务园区”，转型升级全线出击，2010 年建成新百丰羊绒（电子）交易中心，吸引国内近 200 家企业进行羊绒电子交易；三是建立 B2C 模式的“清河羊绒网”（2007 年）、O2O 模式的“百绒汇网”（2012 年），100 多家商户设立了网上店铺；四是实施品牌战略，12 个品牌获中国服装成长型品牌，8 个品牌获得河北省著名商标，2011 年 24 家羊绒企业跻身“中国羊绒行业百强”。

项目小结

农产品电子商务作为当下商业模式的创新点，为农产品的流通与销售提供了新的路径。本项目详细分析了开设农产品网店前需要进行的各项细致且关键的准备工作，为有意进军农产品电子商务领域的运营者提供了指导。

市场调研是农产品网上开店的第一步，也是至关重要的一步。通过市场调研，农产品电子商务运营者能够深入了解目标市场的消费习惯、需求偏好及竞争对手的情况，从而为店铺的定位、产品的选择及营销策略的制定提供有力的数据支撑。在此阶段，运用问卷调查、网络数据抓取、社交媒体分析等多种方式，可以更加精准地把握市场动态和消费者心理。

制定产品定位与差异化策略，也是农产品网上开店的核心环节。农产品因其独特的生长环境、地域特色及品质差异，具有天然的产品差异化优势。在前期准备中，明确自身产品特色，找准市场定位，制定与众不同的营销策略，是店铺在市场竞争中脱颖而出的关键。这要求运营者不仅要对自己的产品有深入的了解，还要对市场趋势有敏锐的洞察力。

制定店铺规划与运营策略，直接影响农产品网上店铺的形象和运营效率。一个富有创意和吸引力的店铺形象，能够提升消费者的购物体验，增强品牌的认知度和忠诚度。同时，合理的运营策略，如定价策略、促销策略、客户服务策略等，也是提升店铺盈利能力和客户满意度的关键。

选择合作伙伴，是农产品网上开店前期准备中不可忽视的一个环节。农产品电子商务的运营，涉及农产品的采购、仓储、物流配送、售后服务等多个环节，任何一个环节的疏漏，都可能影响店铺的运营效果。因此，在前期准备中，运营者需要积极整合各方资源，与优质的供应商、物流公司、支付机构等建立紧密的合作关系，确保店铺的货源稳定、物流顺畅、支付安全。

遵守法律法规与平台规则，是农产品网上开店的基本准则。在电子商务领域中，无论是国家层面的法律法规，还是各大电子商务平台的交易规则，对店铺的运营行为都有着严格的规范和限制。运营者需要认真学习相关法律法规和平台规则，确保店铺的运营行为合法合规，避免因违规操作而带来法律风险和经济损失。

综上所述，农产品网上开店前期准备是一项系统而复杂的工作，需要农产品电子商务运营者投入大量的时间和精力进行细致的规划和筹备。通过本项目的学习，我们可以更加清晰地了解开设农产品网店前期准备的全流程，掌握店铺运营的核心技能和知识，为今后的工作奠定坚实的基础。

课后案例

案例一　传承农耕文化，弘扬乡村振兴精神

背景

在农产品电子商务迅速发展的时代背景下，某高校电子商务专业的学生小明，计划在网上开设一家专门销售家乡特色农产品的店铺。他的家乡有着悠久的农耕文化和丰富的农产品资源，但由于地处偏远，农产品销售一直面临困难。小明希望通过自己的努力，将家乡的农产品推向更广阔的市场，同时传承和弘扬农耕文化。

思政元素

爱国情怀：小明深知农产品是国民生计的基础，他希望通过自己的努力为国家的农业发展贡献一份力量，他的行动体现了对家乡的热爱和对国家的责任感。

乡村振兴：通过开设农产品网上店铺，小明不仅帮助家乡农民解决了销售难题，还带动了当地相关产业的发展，促进了乡村振兴，他的行动契合了国家关于乡村振兴的战略部署。

文化传承：小明在店铺中不仅销售农产品，还积极宣传家乡的农耕文化和风土人情，通过故事、图片、视频等多种形式，让更多的人了解和感受到农耕文化的魅力。

教育意义

通过小明的案例，我们可以深刻体会到将个人发展与国家需要相结合的重要性。同时，

我们也可以学习到如何运用所学知识服务乡村振兴和文化传承，实现个人价值与社会价值的统一。

案例二　诚信经营，打造农产品电子商务品牌

背景

随着农产品电子商务市场的日益繁荣，竞争也日趋激烈。在这样的背景下，某高校电子商务专业的学生小丽成功在网上开设了一家农产品店铺，并凭借诚信经营和优质服务赢得了消费者的信赖和好评。

思政元素

诚信为本：小丽深知诚信是商业经营的根本，她从采购、储存、包装到发货等各个环节都严格把关，确保所售农产品的质量和安全，同时，她积极履行售后承诺，为消费者提供良好的服务。

品牌意识：为了提升店铺的知名度和竞争力，小丽注重打造自己的农产品电子商务品牌，她精心设计店铺LOGO、装修风格和宣传语，并通过社交媒体等渠道进行品牌推广。

社会责任：在经营过程中，小丽不仅关注经济效益，还积极履行社会责任，她积极参与公益活动，为贫困地区捐赠农产品，帮助更多人解决生活困难。

教育意义

小丽的案例向我们展示了诚信经营和品牌建设在农产品电子商务中的重要性。同时，她的行动也传递了积极履行社会责任、回馈社会的正能量。通过这一案例，我们可以学习到如何在激烈的市场竞争中保持初心、坚守诚信，并努力打造自己的品牌。

巩固提高

一、单项选择题

1．种植类农产品主要包括（　　）。

A．谷物　　B．石油

C．电子产品　　D．化工原料

2．在绿色农产品的产地环境质量标准中，（　　）不是土壤质量标准的要求。

A．土壤肥沃、无污染

B．重金属和有害物质含量符合国家标准

C．土壤具有良好的保水、保肥能力

D．土壤中可以含有一定量的农药残留

3．人群画像的构建不包括（　　）。

A．数据收集　　B．特征提取

C．标签化处理　　　　　　　　D．产品生产

4．农产品电子商务团队中的项目负责人，其主要工作不包括（　　）。

A．制定品牌、产品、平台与店铺等的规划

B．图片设计与更换，商品上下架管理

C．扩大品牌影响力，维护品牌形象

D．销售、交易、商品、会员等运营数据的分析与研究

5．以下不属于农产品电子商务团队管理办法的是（　　）。

A．目标管理　　　　　　　　B．充分沟通

C．分阶段区分管理　　　　　D．政府管理

二、多项选择题

1．绿色农产品的产地环境质量标准包括（　　）。

A．土壤质量标准　　　　　　B．水质标准

C．空气质量标准　　　　　　D．生态环境标准

2．京东平台在提升农产品电子商务运营效果方面采取了哪些措施？（　　）

A．引入大数据和人工智能技术

B．探索农产品预售、众筹等新型销售模式

C．举办农产品品牌推广活动

D．提供丰富的营销工具和推广渠道

3．产品定位的步骤包括（　　）。

A．确定目标市场　　　　　　B．分析竞争对手

C．挖掘产品优势　　　　　　D．制定营销策略

4．人群画像的应用包括（　　）。

A．营销策略制定　　　　　　B．产品优化

C．市场预测　　　　　　　　D．产品定位

5．在农产品电子商务运营中，运营者需要注重（　　）。

A．新技术和新方法的学习

B．产品的品质和安全性

C．价格竞争

D．市场的变化和消费者的需求

三、判断题

1．农产品电子商务团队成员必须熟悉农村情况、具备农产品种植经验和营销策划能力。（　　）

2. 新零售是农产品电子商务销售的最好模式，是传统 B2C 电子商务模式的升级发展形态。（　　）

3. “店铺建设与维护”岗位的主要职责包括根据公司对品牌与产品的定位，规划长期发展方向，确定店铺与产品的风格。（　　）

4. 农产品上行的源头是农产品筛选，品控在农产品整个上行环节中起着非常重要的作用。（　　）

5. 在制定和实施激励政策时，先要调查清楚每个员工真正的需求是什么，并将这些需求整理归类，然后制定统一无差异的激励政策。（　　）

四、简答题

1. 农产品网上开店前，需要进行哪些市场调研工作？这些调研工作对开店有何重要性？

2. 农产品网上开店前，为什么要进行商品策略规划？如何确定适合自己店铺的商品策略？

3. 农产品网上开店需要准备哪些必要的资质和证件？这些资质和证件在开店过程中有什么作用？

4. 农产品网上开店前，如何选择适合自己店铺的电子商务平台？需要考虑哪些因素？

考核评价模块

一、考核评价目标

本模块旨在评估学生在农产品网上开店前期准备阶段的工作成果，包括市场调研、农产品选择与定位、网店平台选择与店铺搭建、营销策略制定等方面的能力。通过考核评价，旨在提升学生的电子商务运营实践能力和团队协作能力。

二、考核评价标准

（一）市场调研

调研的广度与深度：是否覆盖了目标市场的关键信息，如消费者需求、竞品分析等。

数据分析的准确性：调研数据是否真实可靠，分析结论是否有依据。

农产品选择与定位：所选农产品是否符合市场需求和趋势；定位策略是否清晰，能否体现产品差异化优势。

（二）网店平台选择与搭建

平台选择的合理性：是否基于目标市场和产品特点选择了合适的电子商务平台。

店铺搭建的专业性：店铺设计、功能布局、用户体验等是否符合电子商务标准。

（三）营销策略制定

策略的创新性与实用性：营销策略是否具有创意，同时能否有效促进销售。

策略的可行性：营销策略是否考虑到资源、时间等实际限制因素。

（四）团队协作与沟通

团队协作的效率：团队成员分工是否明确，协作是否顺畅。

沟通的有效性：团队成员之间信息传递是否准确及时，问题是否得到妥善解决。

三、考核评价方法

文档审查：检查学生提交的市场调研报告、产品选择与分析报告、店铺搭建计划、营销策略方案等文档，评估其完整性和专业性。

口头汇报：要求学生就前期准备工作进行口头汇报，展示其思维逻辑和表达能力。

小组讨论：组织学生进行小组讨论，观察其在团队协作和沟通中的表现。

教师评价：教师根据学生的学习态度、工作成果和进步情况进行综合评价。

四、考核评价结果反馈

及时反馈：在考核评价结束后，及时向学生反馈评价结果，指出其优点和不足。

具体建议：针对学生在各个方面的表现，给出具体的改进建议和学习建议。

鼓励与激励：对表现优秀的学生进行表扬和激励，鼓励其继续努力；对表现欠佳的学生给予鼓励和支持，帮助其提升能力。

后续跟进：根据评价结果，调整教学计划，对学生在后续学习中的表现进行跟进，并根据学生的表现进行有针对性的辅导。

项目二

农产品店铺管理

项目导读

店铺管理是农产品电子商务运营中的核心环节之一，它涵盖了商品管理、订单处理、客户服务、营销推广及数据分析等多个方面。高效的店铺管理不仅能够提升店铺的销售业绩，还能够增强消费者对店铺的信任感和忠诚度。

在商品管理方面，运营者需要确保所售农产品的品质优良、供应稳定，并根据市场需求和消费者反馈不断优化商品结构和定价策略。订单处理是店铺高效运营的关键，包括快速响应订单、准确发货、及时处理退换货等，为消费者提供优质的购物体验。在客户服务方面，运营者应建立专业的客服团队，提供及时、准确的在线咨询和售后服务，解决消费者在购买过程中遇到的问题，增强消费者的满意度。同时，运营者还需要积极开展营销推广活动，利用搜索引擎优化、社交媒体营销、广告投放等方式提升店铺知名度和曝光率，吸引更多的潜在消费者。此外，数据分析在店铺管理中也扮演着重要角色，通过对销售、用户行为等数据进行分析，运营者可以更好地了解市场需求和消费者偏好，为制定更加精准的营销策略和优化商品结构提供数据支持。

综上所述，农产品店铺管理是一个系统性、综合性的工作，需要运营者在商品、订单、客户、营销和数据等多个方面进行全面、细致的管理和优化，以提升店铺的竞争力和盈利能力。

学习目标

知识目标

1. 掌握农产品店铺装修的关键要素、设计原则和实施步骤，了解其在农产品电子商务运营中的重要性。
2. 掌握农产品上下架管理的原则、策略和实施步骤等关键知识。
3. 学习农产品店铺的订单处理流程，包括订单确认、发货、退货、退款等内容。

4. 掌握农产品店铺的库存管理方法，了解库存预警、库存盘点等基本概念。
5. 了解农产品店铺的客户管理知识，包括客户信息管理、客户关系维护等。

能力目标

1. 能够独立进行农产品店铺的日常管理，包括商品上下架、价格调整、活动宣传等。
2. 能够熟练运用店铺管理工具，提高农产品店铺的运营效率。
3. 能够处理农产品店铺运营中的各类问题，如客户投诉、订单异常、物流滞后等。
4. 能够根据销售数据、客户反馈等信息优化农产品店铺运营策略。
5. 能够与团队成员有效沟通，协同推进农产品店铺的管理工作。

素质目标

1. 培养细致入微的工作态度，确保农产品店铺管理的准确性和高效性。
2. 树立以客户为中心的服务理念，提升农产品店铺的客户满意度和忠诚度。
3. 培养团队合作精神，与团队成员共同应对农产品店铺管理中的挑战。
4. 具备强烈的学习意愿和自主学习能力，不断更新农产品店铺管理的知识和技能。
5. 培养创新意识和市场敏感性，积极探索新的农产品店铺管理模式和市场。

引导案例

李梅的有机蔬菜网店成长记

案例背景

李梅是一位对有机农业充满热情的农民，她在自己的农场里种植了多种有机蔬菜。随着电子商务行业的蓬勃发展，她意识到通过互联网直接向消费者销售农产品的巨大潜力，因此决定开设一家有机蔬菜网店。

挑战与应对

在网店成立初期，李梅面临着如何保证蔬菜在运输过程中保持新鲜和高品质的挑战。为此，她购入了先进的保鲜包装材料和冷藏设备，并建立了严格的采摘、包装和发货流程。在店铺管理方面，她重视消费者体验，精心设计了店铺页面，展示了蔬菜的种植过程、有机认证证书和顾客评价等内容，以此提升消费者的信任度。此外，她还设立了在线客服系统，以快速响应消费者的咨询和订单问题。

推广与增长

为了提升店铺的知名度，吸引更多消费者，李梅充分运用社交媒体进行宣传。她定期发布有关于有机蔬菜种植的知识、健康食谱及促销活动等信息，积极与“粉丝”互动，逐步构建了忠实的消费者基础。随着业务的扩展，李梅遇到了新的管理挑战。为此，她招聘员工协助完成订单处理、客户服务和物流配送等工作，并制定了明确的岗位职责和工作流程。她还定期对团队进行培训，旨在提升员工的专业技能和服务意识。

数据分析与策略调整

李梅非常重视数据分析，利用电子商务平台提供的工具，定期分析销售数据、顾客行为和市场趋势。这些数据分析帮助她及时调整产品策略、优化库存管理、制定更加有效的营销计划。

案例启示

本案例告诉我们，农产品店铺管理需要注重产品品质、顾客体验、营销推广和团队管理等多个方面。通过不断提升自身的管理能力和运营水平，使自己的农产品店铺能够在激烈的市场竞争中脱颖而出，实现可持续发展。

知识讲堂

任务 1　农产品店铺装修

在农产品电子商务领域中，店铺的装修设计对于提升品牌形象、吸引消费者关注及促进销售转化具有重要的作用。一个专业、美观、具有特色的店铺装修不仅能够展现农产品的品质和特点，还能够为消费者营造良好的购物体验。本任务将深入探讨农产品店铺装修的关键要素、设计原则及实施步骤，为农产品电子商务运营者提供参考和指导。农产品店铺装修效果如图 2-1 所示。

图 2-1　农产品店铺装修效果

一、农产品店铺装修的关键要素

（一）店铺风格定位

农产品店铺装修先要明确风格定位，这需要与农产品的属性、目标消费者群体及品牌形象相契合。例如，绿色、有机的农产品，可以选择自然、清新的店铺风格；以年轻群体为目标消费者的农产品，可以选择时尚、活泼的店铺风格。

（二）色彩搭配

色彩在店铺装修中起着重要的作用。合理的色彩搭配不仅能够提升店铺的视觉效果，还能够影响消费者的购物情绪。农产品店铺的色彩搭配应该以主色调为基础，用辅助色彩进行点缀，整体色彩应和谐统一，避免过于花哨或杂乱无章。

（三）布局设计

店铺的布局设计对于引导消费者浏览和购买也十分重要。农产品店铺的布局应该清晰明确，商品的分类应该结构合理，便于消费者快速找到所需的农产品。同时，可以通过设置推荐位、促销区等方式，引导消费者关注热销或特色农产品。

（四）图片与文案

农产品店铺的图片和文案是传递农产品信息、吸引消费者关注的关键。图片应该清晰美观，真实展现农产品的品质和特色；文案应该简洁明了，突出农产品的卖点和价值。同时，图片和文案的风格需要与店铺整体风格保持一致。

二、农产品店铺装修的设计原则

（一）一致性原则

农产品店铺的装修设计应该保持一致性，包括风格、色彩、字体、图标等方面。这种一致性的设计有助于提升店铺的专业度和品牌形象，同时也有利于消费者形成品牌认知。

（二）用户体验原则

农产品店铺的装修设计应该注重用户的体验感，从消费者的角度出发，考虑如何提高购物的便捷性、舒适性和愉悦感。例如，通过优化商品搜索功能、设置直观的导航菜单、提供详细的商品信息等方式，提升消费者的购物体验。

（三）创新性原则

在保持一致性和用户体验的基础上，农产品店铺的装修设计还应该具有一定的创新性。创新性的设计可以突出店铺的亮点，增强店铺的吸引力和竞争力。例如，通过采用新颖的布局方式和富有创意的图文设计提升店铺的视觉效果。农产品店铺如图 2-2 所示。

图 2-2　农产品店铺

三、农产品店铺装修的实施步骤

（一）需求分析

在进行农产品店铺装修前，先要进行需求分析，明确店铺的目标、定位及目标消费者的特点。通过需求分析，可以确定店铺装修的风格、色彩搭配及功能设置等关键要素。

（二）设计规划

根据需求分析的结果，进行店铺装修的设计规划。这一阶段需要制定详细的设计方案，包括店铺风格、色彩搭配、布局设计、图片与文案等方面的具体规划。设计方案需要充分考虑用户体验和创新性原则。

（三）实施制作

在设计规划完成后，进入实施制作阶段。这一阶段需要将设计方案转化为具体的店铺装修效果，通过使用专业的店铺装修工具或平台，按照设计方案进行店铺的装修制作。制作过程中应注意细节处理，确保装修效果符合设计要求。

（四）测试与优化

店铺装修完成后，需要进行测试与优化。可以通过邀请消费者或专业人士进行体验，收集反馈意见并进行相应的优化调整。测试与优化阶段需要重点关注用户体验和功能完善等方面。

农产品店铺装修是农产品电子商务运营中的重要环节之一。通过合理的装修设计，可以提升店铺的品牌形象、吸引消费者关注并促进销售转化。在进行农产品店铺装修时，应充分考虑关键要素、遵循设计原则并按照实施步骤进行操作。未来随着农产品电子商务的不断发展和市场竞争的日益激烈，对店铺装修的要求将更加高标准和多元化。因此，农产品电子商务运营者应持续关注行业动态和市场变化，不断优化店铺装修设计以适应市场需求的变化和挑战。

案例链接

案例一　田园风格的农产品店铺

“绿野仙踪”农产品店铺的设计理念是将自然元素融入店铺空间，营造出一种亲近自然、回归田园的感觉。店铺内部使用了大量的木质元素，如木制货架、木制装饰品等，采用绿植作为点缀，让消费者仿佛置身于大自然之中。店铺的墙面采用了仿古砖，地面用木板铺设，营造出一种复古的田园风格。店铺的照明设计也十分讲究，使用了温暖的灯光，让整个店铺显得温馨舒适。

案例二　现代简约风格的农产品店铺

“都市绿洲”农产品店铺的设计理念是简洁、现代，同时不失温馨。店铺的设计重点在于突出农产品新鲜和健康的特点，因此在色彩搭配上以绿色和白色为主，营造出一种清新自然的氛围。店铺的货架和展示柜采用了简洁的线条设计，以白色为主色调，搭配绿色的灯光和装饰元素，既展现了现代感又不失温暖氛围。店铺的地面使用了浅色系的瓷砖，不仅易于清洁，而且与整体的简约风格相协调。

任务 2　农产品上下架管理

在农产品电子商务运营中，农产品的上下架管理是一项重要的工作。它影响着农产品的展示效果、销售机会及库存管理等多个方面。合理的上下架管理能够确保农产品及时、准确地展示在销售平台上，提高农产品的曝光率和销售量。同时，通过科学的上下架策略，还可以有效避免库存积压和浪费，提高整体运营效率。本任务将深入探讨农产品上下架管理的原则、策略及实施步骤，为农产品电子商务运营者提供参考和指导。农产品上架页面如图 2-3 所示。

图 2-3　农产品上架页面

一、农产品上下架管理的原则

（一）及时性原则

由于农产品的季节性和时效性较强，所以上下架管理必须遵守及时性原则。对于新鲜上市的农产品，应该及时上架以把握销售时机；对于过季或接近保质期限的农产品，应该及时下架以避免库存积压和浪费。

（二）准确性原则

农产品上下架管理必须确保信息的准确性。在上架过程中，要准确填写商品信息、价格、库存等关键数据；在下架过程中，要准确记录下架原因、处理方式等信息。准确的信息管理有助于提高企业运营效率，提升消费者购物体验。

（三）合理性原则

农产品上下架管理应该遵循合理性原则。在制定上下架策略时，要充分考虑市场需求、竞争状况、库存情况等因素，合理安排农产品的上下架时间和数量。合理的上下架策略有助于平衡供需关系，提升销售效果。

二、农产品上下架管理的策略

（一）季节性策略

根据农产品的季节性特点，制定相应的上下架策略。在旺季时，增加热销农产品的上架数量和种类，以满足市场需求；在淡季时，适度减少部分农产品的上架数量，避免库存积压。

（二）促销策略

结合促销活动进行上下架管理。在促销活动期间，将参与促销的农产品提前上架，并设置醒目的促销标识和优惠价格；活动结束后，及时将促销的农产品恢复原价或进行下架处理。

（三）库存策略

根据库存情况及时调整商品的上下架。对于库存紧张的农产品，应该及时上架并标注缺货提醒；对于库存积压的商品，可以通过降价促销、组合销售等方式加速库存周转，避免长期积压导致损失。

三、农产品上下架管理的实施步骤

（一）制订计划

根据企业运营目标和市场需求，制订详细的农产品上下架计划。计划应该包括商品种类、数量、时间节点等关键信息，确保上下架工作的有序进行。

（二）商品准备

在上下架之前，需要对商品进行充分的准备。包括拍摄商品图片、撰写商品描述信息、设定商品价格等。确保商品信息完整、准确、吸引人。

（三）执行上下架操作

按照计划执行上下架操作。在上架过程中，要注意商品分类的准确性、关键词的合理使用及展示位置的优化；在下架过程中，要记录下架原因并妥善处理库存。

（四）监控与调整

对上下架效果进行实时监控和分析。根据销售数据、消费者反馈等信息，及时调整上下架策略，优化商品组合及展示方式。

农产品上下架管理是农产品电子商务运营中的重要环节之一。通过遵守及时性、准确性、合理性等原则，以及运用季节性、促销、库存等策略进行科学管理，可以提高农产品的曝光率、销售量和整体运营效率。未来随着农产品电子商务市场的不断发展和消费者需求的日益多样化，对上下架管理的要求将更加精细化和个性化。因此，农产品电子商务运营者应持续关注市场动态和技术创新趋势，不断优化上下架管理策略以适应市场需求的变化和挑战。

案例链接

案例一　政府当先，亲民为民

吉林省通榆县是典型的农业大县，农产品种类丰富，但受限于人才、物流等多种因素。通榆县政府根据自身情况积极“引进外援”，与杭州某实业有限公司开展系统性合作，为通榆农产品量身打造“三千禾”品牌，同时完善电子商务公司、绿色食品园区、线下展销店等配套建设。初期与网上超市“1号店”签订原产地直销战略合作协议，通过“1号店”等优质电子商务渠道销售到全国各地；后期开展全网营销，借助电子商务领域全面实施“原产地直销”计划，把本地农产品售往全国各地。

值得一提的是，为解决消费者对农产品的疑虑，通榆县领导写了一封面向全国消费者的信——“致淘宝网民的一封公开信”，挂在网店的首页，这一诚恳亲民的做法赢得了网友的一致称赞，提振了消费者对于通榆农产品的信任感。

案例二　从县域电子商务到电子商务经济的跨越

陕西省武功县是传统农业县，农产品“买难”“卖难”等问题一直困扰着农村经济的发展。为破解这种情况，武功县政府积极发展电子商务，探索“买西北、卖全国”的模式，立足武功，联动陕西，辐射西北，面向丝绸之路经济带，将武功县打造成为陕西省农村电子商务人才培训地、农村电子商务企业聚集地、农产品物流集散地。

当前武功县已经成为陕西省电子商务示范县，先后吸引西域美农、赶集网等20多家电子商务企业入驻发展，300多个网店相继上线，全县电子商务日成交量超万单，日交易额达100多万元，10余家快递公司先后落地，农村电子商务试点在14个村全面启动，让电子商务真正走进农村、惠及百姓。

任务3　农产品订单管理

在农产品电子商务运营中，订单管理是一个至关重要的环节。它涉及订单的接收、处理、发货、跟踪及售后服务等多个方面，直接影响到消费者满意度和企业运营效率。有效的订单管理不仅能提升消费者满意度，还能优化库存管理和物流配送，进而提升企业的整体竞争力。本任务将深入探讨农产品订单管理的关键要素、流程设计及优化策略，为农产品电子商务运营者提供参考和指导。

一、农产品订单管理的关键要素

（一）订单接收与处理

订单接收是订单管理的第一步。农产品店铺应确保订单接收渠道的畅通和多样化，方便消费者下单。同时，订单处理要迅速准确，包括验证订单信息、确认库存、计算价格等步骤。对于特殊订单或异常订单，需要及时与消费者沟通确认，避免失误操作导致消费者不满。订单管理页面如图2-4所示。

图 2-4　订单管理页面

（二）订单发货与跟踪

订单发货是订单管理的核心环节。农产品店铺应合理安排发货计划，确保商品按时发出。同时，需要提供订单跟踪服务，让消费者随时了解订单状态。对于发货延误或物流异常等问题，应及时通知消费者并协助解决。

（三）售后服务

售后服务是订单管理的重要组成部分。农产品店铺应该建立完善的售后服务体系，包括退换货政策、投诉处理机制等。对于消费者提出的售后问题，应积极响应并妥善处理，从而维护消费者权益和企业形象。

二、农产品订单管理的流程设计

（一）明确订单管理流程

农产品店铺应制定清晰的订单管理流程，包括订单接收、处理、发货、跟踪及售后服务等环节。订单管理流程设计应简洁高效，避免冗余的环节。

（二）建立订单管理系统

农产品店铺可以借助专业的订单管理系统软件，实现订单信息的自动化处理和跟踪。订单管理系统应具备订单录入、查询、统计、分析等功能，方便农产品电子商务运营者随时掌握订单情况。同时，订单管理系统应与库存管理及物流配送系统衔接，实现信息共享和协同作业。

（三）制定标准化操作规范

为确保订单管理的准确性和一致性，农产品店铺应制定标准化的操作规范。内容需要涵盖订单处理的各个环节，包括信息录入标准、发货流程标准、售后服务标准等。员工需要接受相关培训并严格按照规范执行。

三、农产品订单管理的优化策略

（一）提升订单处理效率

农产品店铺通过引入自动化技术和智能算法，优化订单处理流程。例如，利用机器学习技术对订单进行智能分类和优先级排序；利用自然语言处理技术自动解析和处理消费者咨询的问题；利用大数据分析技术预测库存需求和发货时间等。这些技术的应用不仅可以显著提高订单处理效率，还能减少人工干预、降低错误率。

（二）强化物流配送管理

农产品店铺与高质量的物流服务商合作，建立稳定的物流配送体系。通过实时跟踪物流信息、优化配送路线和时间安排等措施，确保商品按时准确送达消费者手中。同时，通过提供多样化的配送方式，满足消费者的个性化需求。

（三）完善售后服务体系

农产品店铺应该建立快速响应的售后服务机制，及时处理消费者的退换货请求和投诉等问题。通过设立专门的客户服务团队、建立多渠道沟通平台及定期回访等措施，提升消费者满意度和忠诚度。同时，对售后服务数据进行收集和分析，不断改进产品，提升服务质量。

农产品订单管理是农产品电子商务运营中的关键环节之一。通过明确关键要素、设计合理的流程，以及采取优化策略进行科学管理，可以提升消费者满意度、优化库存管理和物流配送、增强企业竞争力。未来随着技术的不断创新和市场的日益成熟，农产品订单管理将面临更多的挑战和机遇。因此，农产品电子商务运营者应持续关注行业动态和技术发展趋势，不断完善和创新订单管理体系，以适应市场需求的变化和挑战。农产品订单管理页面如图 2-5 所示。

图 2-5　农产品订单管理页面

项目小结

本项目详细地介绍了农产品电子商务在店铺运营层面的关键要素和策略。从店铺的品牌形象塑造、产品管理策略，到客户服务体系构建、营销推广手段的运用，本项目为农产品电子商务运营者提供了一定的指导和参考。

在品牌形象塑造方面，本项目强调了店铺形象与品牌价值的一致性。一个成功的农产品店铺，不仅需要在视觉上呈现出专业、独特的形象，还需要通过优质的产品和服务不断强化消费者对品牌的认知和信任。这需要店铺在运营过程中注重细节，从店铺名称、LOGO 设计到商品详情页的描述，都要体现出对消费者的尊重和关怀。同时，农产品店铺还需要通过持续的口碑营销和社交媒体互动，塑造积极、健康的品牌形象，提升消费者对店铺的好感度和忠诚度。

在产品管理方面，本项目详细阐述了产品策略的重要性。农产品作为店铺的核心销售内容，其品质、种类、价格等因素直接影响消费者的购买决策和店铺的销售业绩。因此，农产品店铺需要建立完善的产品管理体系，从采购、存储、展示到销售等环节都要严格把控产品质量和食品安全。同时，店铺还需要根据市场需求和消费者反馈，灵活调整产品策略，不断优化产品线，以满足消费者的不同需求。

在客户服务方面，本项目强调了客户服务体系的重要性。优质的客户服务是提升消费者购物体验、增强消费者忠诚度的关键。农产品店铺需要建立完善的客户服务流程，提供热情、周到的售前咨询和售后服务。从解答消费者疑问、处理订单问题，到跟踪物流信息、处理退换货等售后问题，都要求店铺的客户服务团队具备专业的知识和高效的工作能力。同时，店铺还需要通过定期调查客户的满意度，了解消费者的需求和反馈，不断优化客户服务体系，提升服务质量。

在营销推广方面，本项目介绍了多种有效的营销推广手段。在竞争激烈的电子商务市场中，农产品店铺需要运用多种营销手段提高店铺的曝光率和点击率，吸引更多的潜在消费者。这包括搜索引擎优化、社交媒体营销、广告投放等线上推广方式，以及参加农产品展览会、举办品鉴会等线下推广活动。通过综合运用各种营销推广手段，农产品店铺可以扩大品牌影响力，提升销售业绩。

课后案例

案例一　规范经营，维护市场秩序

背景

农产品电子商务市场的蓬勃发展，吸引了众多商家涌入。某高校电子商务专业毕业生小李，在网上开设了一家农产品店铺，始终坚守规范经营的原则，致力于维护市场秩序。

思政元素

法治观念：小李深知遵守法律法规是商业经营的基础。他认真学习相关法律法规，确保店铺的每一项经营行为都合法合规，他还积极配合监管部门的检查，自觉维护市场秩序。

公平竞争：在激烈的市场竞争中，小李始终坚守公平竞争的原则，不搞恶意竞争，不诋毁同行，通过提升产品质量和服务水平赢得消费者的认可。

社会责任：小李认为商家不仅要追求经济效益，更要积极履行社会责任。他注重农产品的质量安全，关注消费者的健康需求，努力为消费者提供安全、健康、优质的农产品。

教育意义

通过小李的案例，我们可以认识到规范经营、遵守法律法规的重要性。同时，也可以学习到要在激烈的市场竞争中保持公平竞争的态度，积极履行社会责任，为农产品电子商务市场的健康发展贡献力量。

案例二　创新管理，提升店铺竞争力

背景

农产品电子商务市场竞争日益激烈，如何在众多店铺中脱颖而出成了关键。某高校电子商务专业学生小张，通过创新管理手段，成功提升了自家农产品店铺的竞争力。

思政元素

创新意识：小张认为创新是提升店铺竞争力的关键，他不断探索新的管理模式和营销手段，引入智能化、数据化等先进技术优化店铺运营，他的店铺在同类产品中脱颖而出，吸引了大量消费者的关注。

团队协作：小张注重团队协作的力量，积极组建了一支专业、高效的团队，通过明确的分工和紧密的协作提升店铺的整体运营效率。团队成员之间相互支持、相互鼓励，共同为店铺的发展贡献力量。

服务至上：小张始终坚持“顾客至上”的服务理念，注重与消费者的沟通和互动，及时了解消费者的需求和反馈，不断优化产品和服务。

教育意义

小张的案例向我们展示了创新管理在提升农产品店铺竞争力中的重要性。同时，他的行动也传递了团队协作、服务至上的正能量。通过这一案例，我们可以学习到如何培养创新意识、组建高效团队及提供优质服务的能力，为未来的农产品电子商务事业奠定坚实基础。

巩固提高

一、单项选择题

1．在农产品店铺装修中，（　　）不是店铺装修的关键要素。

A．店铺风格定位　　B．色彩搭配

C．商品价格　　D．布局设计

2．在农产品店铺装修的实施步骤中，第一步进行的工作是（　　）。

A．设计规划　　B．实施制作

C．测试与优化　　D．需求分析

3．（　　）是为完成运营目标而制定的渠道策略。

A．渠道入驻门槛分析　　B．竞争对手运营渠道分析

C．渠道商策略　　D．运营渠道规划

4．运营资源配置是依据（　　），结合不同渠道特点和资源情况，对人力、资金、物料等资源进行配置。

A．背景分析　　B．运营目标

C．运营渠道　　D．目标人群

二、多项选择题

1．农产品上下架管理的原则包括（　　）。

A．及时性原则　　B．准确性原则

C．合理性原则　　D．经济性原则

2．在农产品上下架管理中，季节性策略包括（　　）。

A．在旺季增加热门农产品的上架数量和种类

B．在淡季减少所有农产品的上架数量

C．适当减少部分农产品的上架数量，避免库存积压

D．在旺季减少热门农产品的上架数量和种类

3．农产品上下架管理的促销策略包括（　　）。

A．提前上架参与促销的农产品

B．设置醒目的促销标识和优惠价格

C．活动结束后，将促销农产品恢复原价

D．活动结束后，及时将促销农产品进行下架处理

4．农产品上下架管理的库存策略包括（　　）。

A．对于库存紧张的农产品，及时上架并标注缺货提醒

B．对于库存积压的农产品，通过降价促销进行消化

C．对于库存积压的农产品，通过组合销售进行消化

D．对于库存紧张的农产品，适当减少上架数量

5．农产品上下架管理的实施步骤包括（　　）。

A．制订详细的上下架计划

B．商品准备，包括拍摄商品图片、撰写商品描述、设定价格

C．执行上下架操作，注意商品分类的准确性、关键词的合理使用

D．监控与调整，根据销售数据、消费者反馈及时调整策略

三、判断题

1．农产品订单管理的第一步是订单处理。 （ ）

2．订单管理系统应具备订单录入、查询、统计、分析等功能。 （ ）

3．农产品电子商务平台无需建立售后服务体系。 （ ）

4．引入自动化技术和智能算法可以提高订单处理效率。 （ ）

5．与优质物流服务商合作不属于农产品订单管理的优化策略。 （ ）

四、简答题

1．农产品店铺日常运营中需要进行哪些基础管理工作？这些管理工作对于店铺的运营有何重要性？

2．在农产品店铺管理中，如何处理消费者投诉和纠纷？有哪些有效的解决策略？

3．农产品店铺的库存管理有哪些要点？如何避免库存积压和缺货现象？

4．在农产品店铺管理中，如何进行员工培训和团队建设？这对提升店铺业绩有何帮助？

5．如何制定有效的农产品店铺营销策略？在实施过程中需要注意哪些问题？

考核评价模块

一、考核评价目标

本模块旨在评估学生在农产品店铺管理方面的能力，包括商品管理、订单处理、客户服务、店铺优化及数据分析等方面的实践操作能力。通过考核评价，旨在提升学生的店铺运营效率和客户满意度，培养其成为具备专业素养的农产品电子商务运营人才。

二、考核评价标准

（一）商品管理

商品信息准确性：商品描述、价格、库存等信息是否准确无误。

商品更新及时性：是否能够根据市场变化和客户需求及时更新店铺商品。

（二）订单处理

订单处理效率：从接收订单到发货的速度和准确性。

退换货处理能力：是否能妥善处理退换货请求，保障客户权益。

（三）客户服务

响应速度：对客户咨询和问题的回应是否及时。

服务态度：与客户沟通时是否礼貌、耐心，能否有效解决客户问题。

（四）店铺优化

店铺形象维护：店铺页面设计、商品展示等是否符合品牌形象和市场定位。

营销活动效果：策划的营销活动是否能够有效提升店铺流量和销售额。

（五）数据分析

数据收集与整理：是否能够定期收集并整理店铺运营数据。

数据分析能力：是否能够根据数据变化分析店铺运营状况，提出改进建议。

三、考核评价方法

实操演练：要求学生模拟实际店铺管理场景，进行商品上架、订单处理、客户服务等操作，观察其准确性和熟练度。

案例分析：提供真实或模拟的店铺运营案例，要求学生进行分析并提出解决方案。

系统评分与人工评分相结合：利用电子商务平台提供的店铺管理工具进行评分，同时结合教师的评分，全面评估学生的店铺管理能力。

客户反馈：引入客户评价作为考核的一部分，从客户角度评估学生的服务质量和店铺运营效果。

四、考核评价结果反馈

详细反馈报告：向学生提供详细的反馈报告，包括其在各个方面的表现、优点和不足，以及改进建议。

个性化指导：针对学生的不同情况，提供个性化的指导，帮助其提升店铺管理能力。

定期跟进与评估：定期对学生的店铺管理情况进行跟进和评估，确保其持续改进和成长。

激励与奖励：对表现突出的学生给予激励和奖励，鼓励其继续发挥优势，为农产品电子商务行业的发展作出贡献。

项目三

农产品平台营销执行

项目导读

平台营销执行是农产品电子商务运营中的关键环节之一，它涵盖了营销策略的制定、营销活动的实施、营销效果的评估及营销团队的协作等多个方面。

在农产品平台营销执行中，农产品电子商务运营者需要制定一套科学合理的营销策略，包括目标市场的定位、竞品分析、产品定价、促销策略等，以确保营销活动的针对性和有效性。营销活动的实施是农产品平台营销执行的核心，它包括线上推广、社交媒体营销、内容营销、广告投放等多种方式，旨在提高农产品的品牌知名度、曝光率和销售量。同时，农产品电子商务运营者还需要建立一支高效协作的营销团队，明确团队成员的职责和分工，确保营销活动的顺利进行。

在实施营销活动的过程中，数据分析和效果评估也是必不可少的环节，通过对营销活动的数据进行实时监测和分析，及时调整和优化营销策略，以实现最佳的营销效果。此外，农产品电子商务运营者还需要关注消费者需求和市场动态，不断创新营销手段和方式，以满足消费者的需求及适应市场的变化。

综上所述，农产品平台营销执行是一个系统性、综合性的工作，需要农产品电子商务运营者在营销策略、活动实施、效果评估和团队协作等多个方面进行细致的规划和执行，以提升农产品的市场竞争力和盈利能力。

学习目标

知识目标

1. 掌握农产品平台营销的基本概念、策略和方法，理解其在农产品电子商务运营中的重要作用。

2. 熟悉农产品平台营销的关键环节，包括市场定位、目标客户分析、竞争对手分析、产品策略、价格策略、促销策略等。

3. 了解农产品平台营销的各种工具和手段，如搜索引擎优化（SEO）、社交媒体营销、内容营销、电子邮件营销等。

4. 学习农产品平台营销的数据分析知识，包括用户行为分析、营销效果评估等。

能力目标

1. 能够独立制定和执行农产品平台营销策略，包括市场调研、目标客户定位、营销策略制定、营销活动策划等。

2. 能够熟练运用多种农产品平台营销的工具和手段，提高营销效果。

3. 能够进行农产品平台营销的数据分析，根据数据反馈调整和优化营销策略。

4. 能够与团队成员有效沟通，协同推进农产品平台营销的执行工作。

素质目标

1. 培养创新意识和市场敏感性，积极探索新的农产品平台营销策略和方法。

2. 树立以客户为中心的服务理念，关注用户需求，提升用户体验。

3. 培养团队合作精神和协作能力，与团队成员共同推进农产品平台营销。

4. 具备强烈的学习意愿和自主学习能力，不断更新农产品平台营销的知识和技能。

5. 培养耐心和毅力，面对农产品平台营销中的困难和挑战时能够保持积极的心态和持续的努力。

引导案例

赵县特色水果的电子商务崛起

案例背景

赵县是一个历史悠久的农业县，以其独特的地理环境和气候条件孕育出了众多优质的特色水果。然而，随着市场的不断变化和竞争的日益激烈，传统的销售模式逐渐显露出局限性，导致赵县的水果产业面临销售瓶颈。为了突破这一困境，赵县的果农和合作社紧跟时代潮流，毅然决定踏上了农产品电子商务的征途。

策略规划

1. 平台选择

为了快速打开市场，赵县农产品电子商务团队先是瞄准了国内知名的电子商务平台，这些平台拥有庞大的用户基础和成熟的交易体系，为特色水果的推广提供了有力的保障。

2. 店铺建设

赵县农产品电子商务团队精心打造了特色水果旗舰店，通过精美的页面设计和详细的产品介绍，全方位展示水果的独特魅力和营养价值，吸引消费者的目光。

3. 营销创新

为了提升品牌知名度和销量，赵县农产品电子商务团队积极参与平台的各类营销活动，如"秒杀""拼团"等，利用平台的流量优势迅速扩大影响力。同时，他们还注重与消费者的互动，通过在线客服、社交媒体等渠道及时回应消费者的问题，收集反馈意见，不断优化产品和服务。

4. 物流保障

在物流方面，赵县农产品电子商务团队与专业的物流公司建立了紧密的合作关系，确保水果在运输过程中的质量。通过构建完善的物流体系，实现了"从产地到餐桌"的快速转化，为消费者提供了便捷、高效的购物体验。

执行效果

经过一段时间的精心运营和推广，赵县的特色水果在电子商务平台上取得了显著的成绩。销量节节攀升，知名度也大幅提升。这一成功案例不仅为当地果农带来了丰厚的经济收益，也为赵县的水果产业注入了新的活力。更重要的是，它为其他地区的农产品电子商务营销提供了宝贵的经验和启示，展示了农产品电子商务的巨大潜力和广阔前景。

案例启示

本案例告诉我们，农产品平台营销执行的重要性。通过合理的营销策略和有效的执行手段，农产品可以在电子商务平台上实现品牌的塑造和销量的提升。同时，也需要注意产品质量和服务质量的把控，以赢得消费者的信任和好评。

知识讲堂

任务1 了解农产品平台营销方法与策略

在农产品电子商务领域中，营销方法与策略的选择和运用，对于提升平台知名度、扩大市场份额、促进农产品销售具有重要的作用。随着互联网技术的不断发展和消费者需求的日益多样化，农产品电子商务平台需要不断创新营销手段，以适应市场的变化和挑战。本任务将深入探讨农产品平台营销的方法与策略，旨在为农产品电子商务运营者提供参考和指导。

一、农产品平台营销的核心方法

（一）搜索引擎营销

搜索引擎营销（Search Engine Marketing，简称 SEM）是农产品电子商务平台提升网站流量、提高品牌知名度的有效手段。通过关键词优化、竞价排名等方式，使平台在搜索引擎结果页面获得更高的曝光率。同时，结合搜索引擎优化（Search Engine Optimization，简称 SEO）

技术，提升网站的自然排名，进一步提高流量和转化率。

搜索引擎营销是农产品企业借助搜索引擎平台，通过关键词优化、广告投放等手段，提升网站曝光率、吸引潜在客户、促进销售转化的重要方式。在农产品市场竞争日益激烈的今天，搜索引擎营销已成为农产品电子商务运营中不可或缺的一部分。

农产品搜索引擎营销的核心在于精准定位目标客户群体，并通过关键词优化等方式将农产品信息展示给潜在客户。关键词的选择非常重要，它直接影响农产品信息是否能被目标客户群体准确搜索到。因此，农产品电子商务运营者需要深入分析目标客户群体的搜索习惯，挖掘与农产品相关的热门关键词和长尾关键词，并将这些关键词合理地布局在网站标题、描述及内容等位置，提高网站在搜索引擎中的排名。

除关键词优化外，农产品搜索引擎营销还需要注重广告投放策略。利用搜索引擎广告平台，农产品电子商务运营者可以根据目标客户群体的地域、兴趣、购买意向等因素进行精准投放，提高广告的点击率和转化率。同时，农产品电子商务运营者还需要对广告投放效果进行实时监控和调整，确保广告投入产出最大化。

在农产品搜索引擎营销过程中，内容营销同样不可忽视。高质量的内容不仅可以吸引潜在客户的关注，还能提高网站的权重和排名。因此，农产品电子商务运营者需要注意网站内容的原创性、实用性和更新频率，定期发布有关农产品知识、行业动态、企业新闻等内容，增强网站的用户黏性。

此外，农产品搜索引擎营销还需要与其他营销手段相结合，形成多渠道、全方位的营销体系。例如，通过社交媒体平台分享农产品信息并与用户互动，增加农产品的曝光度和口碑传播；通过电子邮件向潜在客户发送农产品促销信息、新品上市通知等信息，激发客户的购买意愿兴趣等。

在实施农产品搜索引擎营销时，农产品电子商务运营者还需要注意数据分析与优化。通过对网站流量、关键词排名、广告效果等数据的实时监测和分析，及时发现营销过程中存在的问题和不足，有针对性地进行优化调整。同时，农产品电子商务运营者还可以借助专业的搜索引擎营销工具和技术手段，进一步提升营销的自动化水平和效率。

总之，搜索引擎营销在农产品电子商务运营中发挥着重要的作用。农产品电子商务运营者需要注重关键词优化、广告投放策略、内容营销及与其他营销手段的协同配合，不断提升搜索引擎营销的效果和提高转化率。同时，农产品电子商务运营者还需要重视数据分析与优化工作，及时发现并解决问题，确保搜索引擎营销能够为企业带来稳定增长的收益。在未来的农产品电子商务领域中，搜索引擎营销将继续发挥重要作用，助力农产品企业实现更大的商业价值和发展空间。常见的搜索引擎如图 3-1 所示。

图 3-1　常见的搜索引擎

（二）社交媒体营销

社交媒体营销是利用社交媒体平台（如微信、微博、抖音等）进行品牌推广和营销活动的方式。农产品电子商务运营者可以通过发布内容、互动交流、策划活动等形式，吸引目标用户的关注和参与。同时，借助社交媒体平台的传播优势，有助于扩大品牌的良好声誉，并增强其市场影响力。

在数字化时代，社交媒体已成为人们日常生活中的重要部分，它深刻影响着人们的沟通方式和信息的传播模式。借助社交媒体平台，农产品企业可以与消费者建立更加紧密的联系，传播品牌价值，提升产品知名度，最终实现销售转化。

社交媒体营销的核心在于内容的创意与传播。农产品电子商务运营者需要结合产品特点和品牌定位，创造出能够引起消费者共鸣的内容。例如，有趣的农产品故事、实用的烹饪技巧、健康的饮食建议、与农产品相关的生活方式展示等。通过精心的策划和制作，这些内容能够在社交媒体上吸引消费者的注意和兴趣，鼓励他们主动分享、转发，从而形成良好的口碑传播效果。

除内容创意外，社交媒体营销还需要注重与目标受众的互动。农产品电子商务运营者应积极回应消费者的留言、评论和私信，妥善处理反馈意见。这种即时且真诚的互动能够增强消费者对农产品品牌的信任和好感，同时也有助于企业及时发现和改进产品及服务中的问题。

在数据分析方面，通过对社交媒体平台提供的用户、内容传播、互动等数据进行深入分析，农产品电子商务运营者可以更准确地了解目标受众的需求和偏好，评估营销活动的效果，从而调整和优化营销策略。数据驱动的社交媒体营销不仅能够提高营销的精准度和效率，还能够帮助企业在激烈的市场竞争中保持优势。

在实施社交媒体营销时，农产品电子商务运营者还需要注意与其他营销渠道的协同配合。例如，通过线上线下联动的方式，将社交媒体上的营销活动与实体店的促销、线上商城的优惠等活动相结合，形成多渠道、全方位的营销体系。此外，农产品电子商务运营者还可以与行业先锋合作，借助他们的影响力和“粉丝”基础，扩大农产品品牌在社交媒体上的影响。

值得注意的是，社交媒体营销并非一蹴而就的过程，它需要农产品电子商务运营者持续投入时间和精力，不断学习和尝试新的营销方法和技术手段。同时，社交媒体营销也需要运营者保持敏锐的市场洞察力和创新能力，紧跟社交媒体平台的发展变化和消费者需求的变化，不断调整和优化营销策略。

总体而言，社交媒体营销在农产品电子商务运营中的作用日益凸显。它不仅能够帮助农产品企业与消费者建立更紧密的联系，提升品牌知名度和美誉度，还能够促进销售转化和市场份额的扩大。因此，农产品电子商务运营者需要充分认识到社交媒体营销的重要性和价值，将其纳入企业的整体营销战略中，并积极探索适合自身的社交媒体营销之道。常见的社交媒体如图 3-2 所示。

图 3-2　常见的社交媒体

（三）内容营销

内容营销是指通过创作和发布有价值的内容吸引目标受众，从而实现盈利目标的营销方式。农产品电子商务运营者可以通过撰写博客、发布视频、制作图文等多种形式，提供与农产品相关的信息，吸引用户的关注和信任。同时，结合用户需求和市场趋势，不断优化内容质量和发布策略，提高用户黏性和转化率。

农产品内容营销的首要任务是明确目标受众。不同的消费者群体对于农产品的需求、偏好和消费习惯各不相同，因此，农产品电子商务运营者需要细分市场，深入了解目标受众的需求特点，以便提供定制化的服务内容。

在明确目标受众后，农产品电子商务运营者需要围绕自身的品牌定位和产品特点，创作高质量的内容。这些内容既要具有实用性，能够解决消费者在购买和食用农产品过程中的实际问题，又要具有趣味性，能够引起消费者的情感共鸣，激发他们的分享欲望。例如，通过发布烹饪教程、食材搭配建议等内容，帮助消费者更好地使用农产品提升生活品质；通过挖掘农产品背后的故事，如种植过程、产地文化等，赋予农产品更多的情感价值和文化内涵等。

农产品电子商务运营者还需要选择合适的社交媒体渠道，将内容精准地推送给目标受众。在选择传播渠道时，农产品电子商务运营者需要综合考虑渠道的用户规模、活跃度、受众匹配度等因素，确保内容能够达到最佳的传播效果。同时，农产品电子商务运营者还需要注重渠道的维护和管理，定期更新内容保持与用户的互动，提升渠道的活跃度和用户黏性。

此外，农产品内容营销还需要注意数据分析和优化。通过对内容阅读量、点赞量、评论量、转发量等数据的分析，农产品电子商务运营者可以了解哪些内容更受欢迎、哪些渠道更有效果，从而有针对性地优化内容策略和传播策略。数据驱动的农产品内容营销不仅能够提高营销的效率和准确性，还能够帮助企业在激烈的市场竞争中保持优势。

在实施农产品内容营销的过程中，农产品电子商务运营者还需要注重内容的持续性和一致性。农产品市场是一个长期发展的过程，农产品电子商务运营者需要持续不断地提供有价值的内容，才能保持与消费者的连接。同时，农产品电子商务运营者还需要确保内容在不同渠道、不同时间点上保持一致的风格和调性，强化品牌形象，提升品牌认知度。

总之，农产品内容营销是一项系统工程，它需要农产品电子商务运营者从明确目标受众、创作高质量内容、选择合适的传播渠道、分析优化数据等多个方面入手，不断提升内容营销的效果和效率。在未来的农产品电子商务竞争中，能够善于利用内容营销与消费者建立情感连接的农产品企业，将会更加具有市场竞争力和发展潜力。因此，农产品电子商务运营者需要充分认识到内容营销的重要性和价值所在。内容营销如图 3-3 所示。

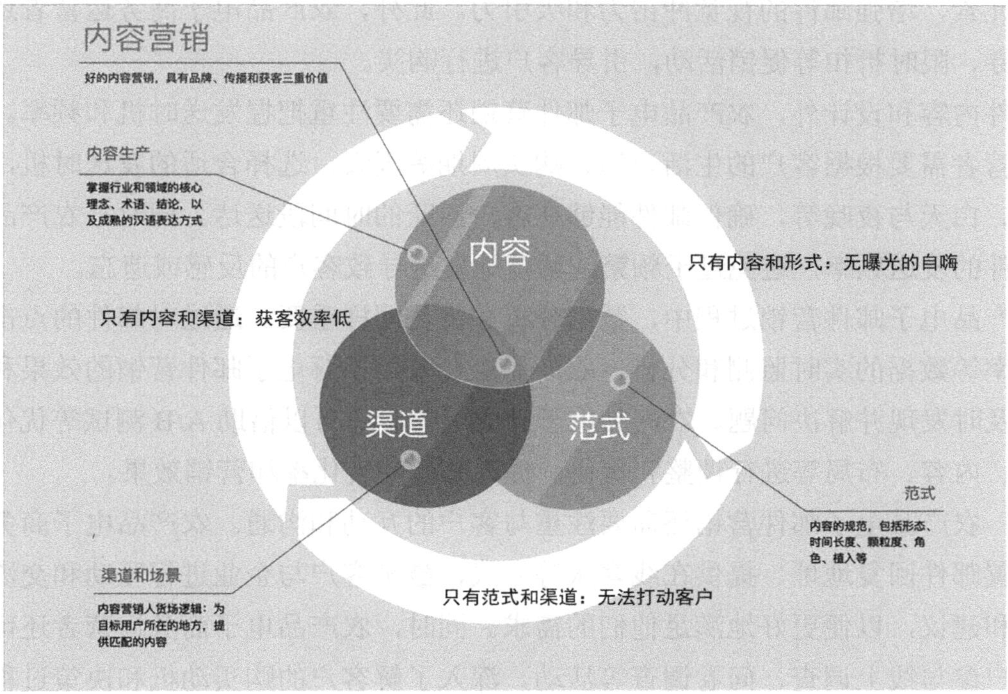

图 3-3　内容营销

（四）电子邮件营销

电子邮件营销是指通过向目标用户发送电子邮件进行品牌推广和营销活动的方式。农产品电子商务运营者可以通过收集用户邮箱地址、制订邮件发送计划、设计邮件内容等步骤，实现精准营销和个性化服务。同时，注意遵守相关法律法规和道德规范，避免垃圾邮件和侵权行为的发生。

农产品电子邮件营销的核心在于构建与客户长期、稳定的关系。通过收集客户的电子邮件地址，农产品电子商务运营者可以定期向他们发送定制化的营销信息，如新品上市通知、促销优惠活动、行业动态、健康饮食建议等内容。这些邮件内容不仅需要具有吸引力和实用性，激发客户的兴趣和购买欲望，还需要注重个性化和差异化，满足不同客户群体的独特需求。

在实施农产品电子邮件营销时，先要确保邮件列表的质量和准确性。农产品电子商务运营者可以通过网站注册、购买记录、线下活动等多种方式收集客户的电子邮件地址，并对其进行验证和筛选，去除无效和错误的地址，确保邮件能够准确送达目标客户。同时，农产品电子商务运营者还需要注重邮件列表的细分，根据客户的购买历史、兴趣偏好等因素进行精细化分类，以便发送更加精准和个性化的营销信息。

电子邮件内容的设计也是农产品电子邮件营销的关键环节。农产品电子商务运营者需要注重邮件标题的吸引力和简洁性，以引起客户的注意并激发他们的阅读兴趣。邮件正文则需要围绕农产品的特点、优势、应用场景等方面进行详细介绍，同时配以高质量的图片和视频等多媒体元素，增强邮件的视觉冲击力和吸引力。此外，农产品电子商务运营者还可以通过设置优惠券、限时折扣等促销活动，引导客户进行购买。

除邮件内容和设计外，农产品电子邮件营销还需要注重把握发送时机和频率。农产品电子商务运营者需要根据客户的生活习惯、购买周期等因素，选择合适的发送时机，如工作日与节假日、白天与夜晚等，确保邮件能够在客户活跃的时间段送达。同时，农产品企业还需要控制邮件的发送频率，避免过于频繁或稀疏地发送导致客户的反感或遗忘。

在农产品电子邮件营销过程中，数据分析和优化同样重要。通过对邮件的点击率、打开率、退订率等数据的实时监测和分析，农产品企业可以了解电子邮件营销的效果和客户反馈的情况，及时发现并解决问题。农产品电子商务运营者还可以借助 A/B 测试等优化手段，对邮件标题、内容、布局等进行调整和优化，提高邮件的转化率和营销效果。

此外，农产品电子邮件营销还需要注重与客户的互动和沟通。农产品电子商务运营者可以通过设置邮件回复地址、提供在线客服等方式，鼓励客户与企业进行互动和交流，收集客户的反馈和建议，以便更好地满足他们的需求。同时，农产品电子商务运营者还可以通过邮件邀请客户参与线上调查、问卷调查等活动，深入了解客户的购买动机和决策过程，为未来的营销策略制定提供有力支持。

总体而言，农产品电子邮件营销是一种成本低、效率高的营销方式，它能够帮助农产品企业与目标客户建立长期、稳定的关系，提升品牌知名度和客户忠诚度。

二、农产品平台营销策略的制定与实施

（一）目标市场定位

在制定营销策略前，农产品电子商务运营者需要明确目标市场定位。通过对消费者需求、竞争趋势及自身优势进行分析，确定目标市场的细分领域和潜在用户群体。同时，结合市场趋势和平台发展规划，制定可行的市场进入策略和拓展方案。

（二）产品差异化策略

在竞争激烈的农产品电子商务市场中，产品差异化策略是提升竞争力的关键之一。农产品电子商务运营者可以通过深入挖掘特色农产品资源、打造独家品牌、提供定制化服务等方式，突出农产品的特色。此外，还需要注重保障产品质量和安全性，提升消费者信任度和满意度。

（三）价格策略与促销策略

价格是影响消费者购买决策的重要因素之一。农产品电子商务运营者需要制定合理的价格策略，既要保证利润空间，又要考虑消费者的接受程度。同时，需要结合市场需求和竞争状况，灵活调整价格以应对市场变化。在促销策略方面，可以通过限时折扣、满额赠品、新用户优惠等方式吸引用户购买。

（四）渠道整合与优化

渠道整合与优化是农产品电子商务运营者提升营销效果的重要手段。通过线上线下渠道的融合与互补，实现多渠道触达目标用户。线上渠道方面，可以利用自有平台、合作平台及社交媒体等渠道进行品牌推广和营销活动；线下渠道方面，可以与实体店合作、参加农产品展览会等方式拓展销售渠道和提升品牌知名度。

三、农产品平台营销效果评估与优化

（一）数据监控与分析

数据监控与分析是评估农产品电子商务运营营销效果的基础工作。通过对网站流量、用户行为、转化率等数据的实时监控和分析，了解营销活动的实际效果和用户反馈情况。同时，结合业务数据和市场需求的变化，及时调整营销策略和优化营销手段。生产基地监控如图 3-4 所示。

图 3-4　生产基地监控

（二）用户反馈与调研

用户反馈与调研是了解用户需求和市场动态的重要途径。农产品电子商务运营者可以通过在线问卷、电话访问、社交媒体互动等方式收集用户反馈的意见和建议。同时，需要密切关注行业动态和竞争对手的动态变化，及时调整自身营销策略以应对发展变化。

（三）营销效果评估与优化

根据数据监控与分析结果及用户反馈与调研信息，对农产品电子商务平台营销效果进行评估与优化。通过对比预期目标与实际效果之间的差距，找出存在的问题和不足之处。针对评估结果，制定相应的优化措施和改进方案，不断提升农产品电子商务运营平台营销的效果和竞争力。

农产品电子商务运营平台营销方法与策略的选择和运用对于农产品电子商务的发展具有重要影响。通过制定合适的营销方法与策略，可以提升平台的知名度、竞争力和市场份额。未来随着技术的不断创新和市场的日益成熟，农产品电子商务运营平台营销将面临更多的机遇和挑战。因此，农产品电子商务运营者应持续关注行业动态和技术发展趋势，不断创新和完善营销体系，以适应市场需求的变化和挑战。

案例链接

案例一　农产品+微商

在“农产品+微商”领域中，张大发凭借其卓越的销售策略与执行力，成功打造了“中国农产品+微商优秀案例”。他在短短15天，成功销售了8万箱樱桃，实现了高达1千万元的营收。张大发在两个月内迅速建立了十余个微信群，通过持续的专业培训与线上预售活动，积极构建并扩展微商团队。同时，他注重塑造个人品牌，通过强化个人标签、增强推广力度，进一步提升了自身魅力与影响力。这种主动传播与信任建立的过程，不仅赢得了团队成员的信赖，也获得了广大用户与分销商的认可与支持。

案例二　农产品+电子商务

“山山商城展销中心”网购平台开发了全新的营销模式，将农产品的视频直播、产品溯源、私人定制模块等内容，通过“线上购物+农产品+旅游产品”的模式，巧妙地融合在一起，将线上的消费者带到实体店中，所有农产品交易可以实现线上选购、支付，并由线下的体验店提供展示和配送服务。

目前，入驻“山山商城展销中心”的企业已达30多家，农产品种类达100多种，借助电子商务营销方式对传统农业进行现代化提升，实现了农产品的品牌化、标准化、信息化和订单化生产，年销售额已突破1 000多万元。

任务 2　农产品平台营销活动设计与实施

在农产品电子商务领域中，平台营销活动的设计与实施对于提升品牌知名度、吸引用户关注、促进农产品销售具有重要的作用。随着互联网技术的不断发展和市场竞争的日益激烈，农产品电子商务运营平台需要不断创新营销活动，以适应市场的变化和挑战。本任务将深入探讨农产品平台营销活动的设计与实施，旨在为农产品电子商务运营者提供参考和指导。农产品销售平台如图 3-5 所示。

图 3-5　农产品销售平台

一、农产品平台营销活动的设计

（一）明确营销目标

在设计农产品平台营销活动时，先要明确营销目标。这些目标需要与企业的整体战略目标统一，并具体到可衡量的指标，如增加销售额、提升品牌知名度、扩大市场份额等。明确的目标有助于农产品电子商务运营者对后续营销活动进行策划和执行。

（二）分析目标市场

了解目标市场的特点、需求和偏好是设计营销活动的基础。农产品电子商务运营者需要对目标市场进行深入分析，包括消费者的年龄、性别、地域分布、购买习惯等方面的信息。这些信息可以通过市场调研、数据分析等方式获得，为营销活动的设计提供依据。

（三）策划活动内容

策划具有吸引力和创意的活动内容是农产品平台营销活动的核心。活动内容应该紧密围绕营销目标展开，同时结合目标市场的特点和需求进行设计。例如，策划限时折扣、满额赠品、新用户优惠等促销活动，吸引用户购买；组织线上线下结合的农产品品鉴会、烹饪大赛等互动活动，提升用户体验和参与度等。

（四）制定活动预算

在设计农产品平台营销活动时，农产品电子商务运营者需要制定合理的活动预算，包括活动策划、执行、宣传等环节的费用，并根据企业的实际情况和营销目标进行调整。合理的预算有助于保证活动的顺利进行，同时避免浪费。

二、农产品平台营销活动的实施

（一）活动准备

在活动实施前，农产品电子商务运营者需要做好充分的准备工作，包括活动页面的设计与制作、促销商品的准备与上架、客服团队的培训等。同时，还需要与合作伙伴、物流服务商等相关人员进行沟通和协调，确保活动的顺利进行。

（二）活动宣传

活动宣传是农产品平台营销活动成功的关键因素之一。农产品电子商务运营者需要利用自身平台、社交媒体、合作伙伴等渠道进行广泛的宣传，吸引目标用户的关注和参与。宣传内容应该简洁明了，突出活动的亮点和吸引力。活动宣传海报如图 3-6 所示。

图 3-6　活动宣传海报

（三）活动执行

在活动执行阶段，农产品电子商务运营者需要密切关注活动的进展情况和用户反馈，对出现的问题，及时采取措施进行解决。同时，还需要保持与用户的互动和沟通，提升用户体验和满意度。

（四）活动评估

活动结束后，农产品电子商务运营者需要对活动的效果进行评估。评估的内容包括活动目标的完成情况、用户参与度、销售额提升情况等方面。通过评估，可以了解活动的优点和不足，为以后的营销活动提供借鉴和改进方向。

三、农产品平台营销活动的优化与创新

（一）持续优化活动策略

根据市场和用户需求的变化，农产品电子商务运营者需要持续优化营销活动策略，包括调整活动目标、创新活动内容、优化活动流程等方面。通过持续优化，可以保持营销活动的吸引力与竞争力。

（二）引入新技术与手段

随着互联网技术的不断发展，农产品电子商务运营者需要积极引入新技术与手段，提升营销活动的精准度和效果。例如，利用大数据分析用户购买行为和偏好，为不同用户群体提供个性化的推荐和服务。

（三）强化用户体验与互动

良好的用户体验与互动是农产品平台营销活动成功的关键因素之一。农产品电子商务运营者需要注重用户体验的优化和提升，包括页面设计、购物流程、客户服务等方面。同时，通过组织线上线下结合的互动活动，增强用户参与感。

农产品平台营销活动的设计与实施对于农产品电子商务运营的发展具有重要影响。通过明确营销目标、分析目标市场、策划活动内容及制定合理预算等方面，并实施有效的宣传活动，可以显著提升农产品电子商务平台的品牌知名度、用户关注度和销售额。未来随着技术的不断创新和市场的日益成熟，农产品平台营销活动将面临更多的机遇和挑战。因此，农产品电子商务运营者应持续关注行业动态和技术发展趋势，不断创新和完善营销体系，以适应市场需求的变化和挑战。同时，还需要注重用户体验优化与提升及新技术手段的引入与应用，以推动农产品电子商务行业的持续健康发展。

案例链接

案例一　探索“互联网+消费助农”的新模式

顺联动力平台自2015年创建初期就通过大数据解决信息共享，开通“助农”绿色通道，针对滞销或贫困县农产品，坚持派专人实地考察，并为其策划专场活动，给予流量支持。近年来，“陕西苹果”“天目山小香薯”“永定蜜柚”“广西芒果”“赣南脐橙”等农产品在顺联动力平台的助推之下，从田间地头的土特产，一跃成为消费者口中的“爆品”，这些带有原生态色彩的产品，在顺联动力平台的推动下走向全国千家万户，实现精准助农增收。这种新模式

不仅为偏远地区的农产品提供了新的电子商务销路，扩大了销售渠道，还为传统农业生产注入互联网因子，为农业生产供应链的完善和产业升级提供了动能。

案例二　迅速崛起的茶叶品牌

峨眉山是我国重点风景旅游区之一，历代文人都赞美峨眉之秀丽，唐代诗人元稹有“锦江滑腻蛾眉秀”，南宋诗人范成大有“三峨之秀甲天下”的诗句。峨眉山产茶历史悠久，唐代就有白芽茶被列为贡品。宋代诗人陆游有诗曰：“雪芽近自峨嵋得，不减红囊顾渚春。”明代峨眉山白水寺（今万年寺）种茶万株，采制入贡。

竹叶青是源自四川峨眉山的绿茶品牌，也是中国第一家开始品牌化运作的茶企。经过20多年的品牌化运作，竹叶青从一个偏居峨眉山一隅、濒临倒闭的小茶厂，成为当之无愧的川茶骄傲和中国高端绿茶的领先品牌，创造了中国茶企的奇迹。

任务3　农产品平台营销活动效果跟踪与反馈

在农产品电子商务运营中，对营销活动的效果进行跟踪与反馈是重要的一个环节。通过实时跟踪活动数据、分析用户行为及收集用户反馈，运营者可以及时调整营销策略，优化活动方案，从而实现更好的营销效果。本任务将详细讲述农产品平台营销活动效果跟踪与反馈的重要性、实施方法及如何收集与利用反馈信息调整策略。

一、农产品平台营销活动效果跟踪的重要性

（一）实时了解活动进展

通过跟踪营销活动的效果，农产品电子商务运营者可以实时了解活动的进展情况，包括用户参与度、销售额变化等关键指标。这有助于运营者及时发现问题，灵活调整活动策略，确保活动能够按照预期目标顺利进行。活动营销如图3-7所示。

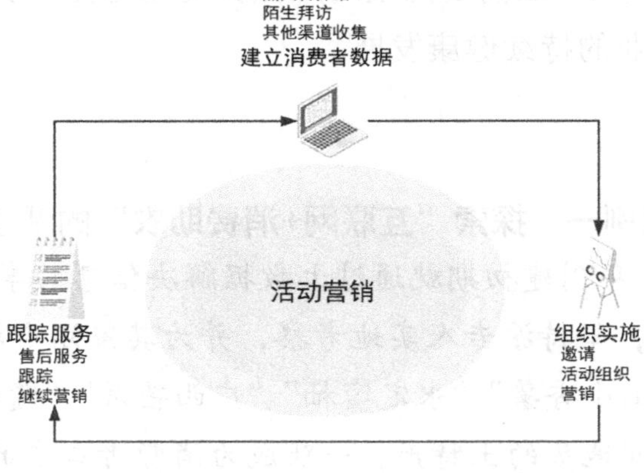

图3-7　活动营销

（二）评估活动效果

效果跟踪不仅可以及时了解活动进展，还可以在活动结束后对整体效果进行评估。通过对比活动前后的数据变化，农产品电子商务运营者可以清楚地看到营销活动对农产品销售量、品牌知名度等方面的影响，为未来的营销活动提供有价值的参考。

（三）优化营销策略

通过对营销活动效果的跟踪和分析，农产品电子商务运营者可以及时发现营销策略的实施效果情况，并作出改进或调整，增强营销活动的针对性和实效性。

二、农产品平台营销活动效果跟踪的实施方法

（一）设定跟踪指标

在进行效果跟踪之前，农产品电子商务运营者需要设定明确的跟踪指标。这些指标应该与营销活动的目标紧密相关，能够反映用户参与度、销售额变化等关键信息。常见的跟踪指标包括访问量、转化率、销售额、用户满意度等。

（二）收集与分析数据

设定完跟踪指标后，农产品电子商务运营者需要通过多种渠道收集相关数据，如平台自身的统计系统、第三方数据分析工具等，并对数据进行整理和分析。

（三）实时监控与调整

在活动期间，农产品电子商务运营者需要实时监控数据变化，并根据数据分析结果及时调整活动策略。例如，发现用户参与度较低，可以增加互动环节或提高奖励力度；发现销售额未达到预期效果，可以调整价格策略或增加促销力度等。

三、农产品平台营销活动用户反馈的收集与利用

（一）用户反馈的收集方式

1．调查问卷

农产品电子商务运营者可以通过在线或离线的方式向用户发放调查问卷，收集其对营销活动的看法及建议。

2．用户评论

鼓励用户在活动页面或社交媒体上评论，表达其观点和感受。

3．客服反馈

农产品电子商务运营者通过客服渠道收集用户的反馈意见，了解其在营销活动过程中遇到的问题和困难。

（二）用户反馈的利用

1．改进活动方案

农产品电子商务运营者根据用户反馈，发现活动方案中存在的问题和不足，及时进行

改进和优化。

2．提升用户体验

针对用户反馈中的问题和建议，农产品电子商务运营者优化平台功能和服务，从而提升用户体验和满意度。

3．增强用户黏性

农产品电子商务运营者通过解决用户反馈中的问题，满足用户需求，增强用户对平台的信任和依赖，从而提高用户黏性。

农产品平台营销活动效果跟踪与反馈是农产品电子商务运营的关键环节。通过实时跟踪活动数据、分析用户行为及收集用户反馈意见，农产品电子商务运营者可以更加精准地把握市场动态和用户需求变化，制定出更加有效的营销策略和活动方案。未来随着技术的不断创新和市场的日益成熟，农产品平台营销活动效果跟踪与反馈将发挥更加重要的作用，不断推动农产品电子商务行业持续健康发展。同时，运营者也需要不断学习和掌握新的跟踪技术和反馈机制，不断提升自身的专业素养和综合能力，以适应市场的变化和挑战。

案例链接

案例一　“农产品+直销店”的营销模式

大英县供销社利用单位闲置资产组建了大英县农产品直销中心，由多个专业合作社组成，主要销售禽蛋、肉类、蔬菜、粮油、白酒等农产品。大英县农产品直销中心通过担保贷款、销售补贴、项目资金支持等政策，引导专业合作社在县城农贸市场兴建农产品直销店。

如今，大英县转变服务等方式，认真指导专业合作社在县城及乡镇组建农产品直销点建设，积极解决专业合作社农产品卖难、消费者买贵的问题。截至目前，已经引导 7 家专业合作社在县城开设猪肉、禽蛋、粮油、蔬菜、花卉等 9 家直销店，年销售额达 300 万元。

案例二　“农产品+餐饮”的营销模式

“乡村食材体验餐厅”以提供乡村原生态食材为特色，在经营餐饮业务的同时，销售土鸡、土鸭、土猪肉、鸡蛋、鸭蛋等农产品。通过店内宣传与互联网结合的策略，餐厅有效地吸引了顾客的兴趣，增强了客户黏性，并促进了消费行为。

此外，类似成功的案例还包括：一位牧猎人开设的两家猪肉主题品鉴馆，其销售量占总产量的 70%；一家食材体验餐厅，顾客在用餐之余，还会顺便购买所需的肉类和鸡蛋等。这些案例均体现了将农产品销售与餐饮有效结合的商业模式。

项目小结

本项目介绍了在农产品电子商务领域中，如何有效地规划和执行营销策略，推动农产品的在线销售并提升品牌影响力。内容涵盖了营销目标的设定、市场定位、策略制定、执行监控及效果评估等多个关键环节，为农产品电子商务运营者提供了系统的营销指导。

本项目强调了明确营销目标的重要性。在农产品电子商务平台上，营销目标的设定直接影响后续策略的制定和执行效果。因此，农产品电子商务运营者需要明确营销目标，如提升销售额、扩大市场份额、增强品牌影响力等，并根据目标制订相应的营销计划。

市场定位也是农产品平台营销执行中的关键环节之一。通过深入分析目标市场的需求和竞争态势，农产品电子商务运营者可以明确自身品牌在市场中的定位，从而有针对性地开展营销活动。这包括确定目标消费者群体、了解他们的购买习惯和需求偏好，以及分析究竞争对手的营销策略和优劣势情况等。

在策略制定方面，本项目介绍了多种有效的营销策略。例如，农产品电子商务运营者可以通过制定有竞争力的价格、开展促销活动等策略吸引消费者。同时，产品策略也是关键，包括提供优质的农产品、丰富的产品种类和规格选择等。此外，渠道策略也十分重要，农产品电子商务运营者需要选择合适的销售渠道，如线上商城、社交媒体平台等，以触达更多的潜在消费者。

执行监控是确保营销策略有效实施的重要环节。在农产品平台营销执行过程中，运营者需要密切关注市场动态和消费者反馈，及时调整和优化营销策略。这包括监控销售数据、用户行为分析及竞争对手的动态等，以便及时发现问题并采取相应的措施。

效果评估是农产品平台营销执行的收尾工作。通过评估营销活动的实际效果，运营者可以了解策略的执行情况，以及是否达到预期的营销目标。这有助于运营者总结经验，优化未来的营销策略，持续提升农产品电子商务平台的运营效果。

综上所述，通过明确营销目标、进行市场定位、制定有效策略、执行监控及效果评估等一系列步骤，农产品电子商务运营者可以更加有针对性地开展营销活动，推动农产品的在线销售并提升品牌影响力。

课后案例

案例一　精准营销，助力脱贫攻坚

背景

在脱贫攻坚的关键时期，农产品电子商务成为助力贫困地区农民增收的重要途径。某电子商务平台积极响应国家号召，通过精准营销策略，帮助贫困地区销售特色农产品，实现产业扶贫。

思政元素

国家战略：该电子商务平台紧密围绕国家脱贫攻坚战略，将农产品电子商务与扶贫工作相结合，通过市场化手段推动贫困地区产业发展。

社会责任：该电子商务平台积极履行社会责任，利用自身技术和市场优势，帮助贫困地区农民解决农产品销售难题，提高他们的收入水平。

精准营销：通过大数据分析、市场调研等手段，该电子商务平台精准定位目标消费者，制定个性化的营销策略，提高农产品的曝光率和销售量。

教育意义

这个案例让我们深刻认识到农产品电子商务在脱贫攻坚战略中的重要作用。同时，通过精准营销策略的实践，我们可以学习到如何运用市场化手段服务国家战略，积极履行社会责任，实现社会价值与商业价值的双赢。

案例二　跨界合作，共建农产品营销新模式

背景

随着市场竞争的加剧，农产品电子商务需要不断创新营销模式以吸引消费者。某电子商务平台通过与文化、旅游等领域的跨界合作，成功打造了一种全新的农产品营销模式。

思政元素

创新驱动：该电子商务平台不满足于传统的农产品销售模式，积极探索跨界合作等创新手段，为农产品电子商务注入新的活力。

文化传承：通过与文化领域的合作，该电子商务平台将农产品与地域文化相结合，让消费者在购买农产品的同时感受到浓厚的文化底蕴。

共赢发展：跨界合作不仅提升了农产品的附加值和品牌形象，还为相关产业带来了共赢发展的机遇，促进了产业融合和区域经济发展。

教育意义

这个案例向我们展示了创新驱动在农产品电子商务发展中的重要性。通过跨界合作等创新手段，可以打破传统思维的束缚，为农产品营销创造更多可能性。同时，这个案例也传递了文化传承和共赢发展的理念，鼓励我们在未来的农产品电子商务实践中积极探索创新路径，实现产业与文化的融合发展。

巩固提高

一、单项选择题

1．为促进销售达成而实施的平台营销活动，营销效果的核心指标是（　　）。

A．销售指标　　B．供应链指标

C．推广指标　　D．流量指标

2．关于“农产品平台营销目标细分”，以下说法错误的是（　　）。

A．目标细分前须明确平台营销总目标

B．目标细分可以分解到平台、产品、客户

C．目标细分是对平台营销总目标的平均分配

D．目标细分需要结合各主体的历史销售情况、目标市场的需求与接受情况等实际因素合理分配

3．某企业计划借助短视频平台宣传“芒果布丁”，为突出产地直销卖点宜围绕（　　）方向进行内容策划。

A．产品产地　　B．产品口味

C．产品故事　　D．产品外观

4．广义的农产品营销是指农产品从投入生产到进入（　　）所经历的全部商业性的经营活动。

A．精深加工　　B．消费领域

C．物流运输　　D．仓储管理

5．在设计农产品平台营销活动时，（　　）不是必须考虑的步骤。

A．明确营销目标　　B．分析目标市场

C．制订活动预算　　D．忽略竞争对手的市场策略

二、多项选择题

1．常见的直播互动方式有（　　）。

A．制造话题　　B．弹幕问答

C．有奖互动　　D．主播连线

2．社交媒体营销效果优化可以从（　　）入手。

A．及时与“粉丝”互动增加黏性

B．多一些原创内容增加吸引力

C．内容要贴合热点多一些有趣元素

D．每日发布更多的信息刷存在感

3．农产品平台营销目标是在分析农产品营销现状并预测未来机会与威胁的基础上确定的，是（　　），并且具有一定的时间周期。

A．具体的　　B．不可变更的

C．可度量的　　D．可实现的

4．农产品平台营销活动效果跟踪的实施方法包括（　　）。

A．设定跟踪指标　　B．收集与分析数据

C．实时监控与调整　　D．忽略用户反馈

5．在农产品平台营销活动中，（　　）可以用于收集用户反馈。

A．调查问卷　　B．用户评论

C．客户反馈　　D．仅通过社交媒体分析

三、判断题

1．平台营销活动策划是以品牌宣传为主、营利销售为辅而展开的活动主题策划。（ ）

2．社交平台营销活动跨渠道投放效果优于同一渠道投放。（ ）

3．不同的社交媒体进行营销效果监控的指标也是不同的。（ ）

四、简答题

1．农产品电子商务平台营销的主要目标是什么？

2．在农产品平台营销中，如何有效地进行目标受众定位？

3．在农产品平台营销中，内容营销的重要性及其实施策略是什么？

4．农产品在进行平台营销时，应如何结合社交媒体策略？

5．在农产品平台营销执行过程中，如何评估并优化营销活动的效果？

考核评价模块

一、考核评价目标

本模块的考核评价目标旨在全面评估学生在农产品电子商务平台上的营销执行能力，包括但不限于广告投放、促销活动、内容营销、社交媒体运营等方面的实际操作与成效。通过本模块的考核，旨在培养学生的创新思维、市场敏感度和营销实践能力。

二、考核评价标准

（一）广告投放效果

广告创意与目标市场的契合度。

广告投放策略的合理性及成本控制。

广告点击率、转化率等关键指标的表现。

（二）促销活动成效

促销策略的创新性与吸引力。

活动组织的有序性和执行力。

促销期间的销售额增长及客户满意度。

（三）内容营销质量

内容创作与品牌形象的符合度。

内容发布的频率、时效性与互动性。

内容营销对用户参与度的提升情况。

（四）社交媒体运营

社交媒体平台选择的合理性与目标受众的匹配度。

社交媒体内容规划的连贯性和吸引力。

社交媒体“粉丝”增长、互动率等关键指标。

（五）综合营销效果

整体营销策略的一致性与协同作用。

营销活动对销售额、品牌知名度的贡献。

营销效果的可持续性与长期价值。

三、考核评价方法

数据分析：依据平台提供的数据分析工具，评估广告、促销、内容等营销活动的实际效果。

案例研究：选取具有代表性的营销案例，要求学生进行深入分析，提出个人见解。

模拟实操：设置模拟营销环境，要求学生完成指定营销任务，评估其操作能力与决策水平。

团队协作：鼓励学生以团队形式开展营销活动，评估团队协作与分工能力。

教师评估与学生互评：结合教师对学生的综合评价及学生之间的互评，形成全面、客观的考核结果。

四、考核评价结果反馈

具体分数与等级评定：给出具体的分数和等级，让学生清楚自己在营销执行方面的表现。

优缺点分析：详细列出学生在营销活动中的优点和不足，帮助其认清自己的长处和短处。

改进建议：针对学生的不足之处，提供具体可行的改进建议，促进其能力提升。

案例分享：鼓励学生分享自己在营销执行中的案例，以此借鉴和学习。

后续跟进计划：根据学生的表现，制订个性化的后续跟进计划，确保其持续改进和成长。同时，对于表现优异的学生，可以给予额外奖励和激励措施。

项目四

农产品客户服务

项目导读

客户服务在农产品电子商务运营中占据重要的地位，它不仅是提升消费者满意度和忠诚度的关键因素，更是塑造品牌形象和增强市场竞争力的核心要素。在农产品电子商务运营中，优质的客户服务意味着能够及时、准确地响应消费者的问题，提供专业化、个性化的购物指导和售后服务。本项目将深入探讨农产品客户服务的重要性、客户服务体系的构建、服务团队的培训与管理，以及如何利用先进技术提升服务水平。

农产品作为生活必需品，其质量与安全直接影响消费者的健康。因此，客户服务团队需要具备丰富的产品知识和专业的服务技能，为消费者提供准确、可靠的信息与建议。同时，还需要建立完善的客户服务体系，包括服务流程、服务标准、服务质量监控等内容，确保每一位消费者都能获得满意的服务。此外，随着人工智能、大数据等技术的发展，农产品客户服务也迎来了创新升级的机会，通过智能化、自动化的服务手段，不仅可以提高服务效率，还能为消费者带来更加便捷和个性化的服务体验。

综上所述，农产品客户服务是农产品电子商务运营中不可或缺的一个环节，只有不断优化客户服务体系、提升服务水平，才能够赢得消费者的信任与支持。

学习目标

知识目标

1. 掌握农产品客户服务的基本概念、原则及其在农产品电子商务运营中的重要性。
2. 了解农产品客户服务的流程、标准和规范，包括售前、售中和售后服务。
3. 熟悉农产品客户服务中常见的沟通技巧和问题解决策略。
4. 学习农产品客户需求分析的方法，根据客户需求提供个性化服务。
5. 掌握农产品客户服务中的客户满意度评价和反馈处理机制。

能力目标

1. 能够独立处理农产品客户的咨询、投诉和建议，提供优质的客户服务。

2. 能够运用沟通技巧和问题解决策略，有效化解农产品客户服务中的矛盾和纠纷。

3. 能够根据客户需求，提供个性化的服务方案，提升客户满意度。

4. 能够运用数据分析工具，对农产品客户服务的数据进行分析，发现问题并提出改进建议。

5. 能够与团队成员有效协作，共同提升农产品客户服务的整体水平。

素质目标

1. 培养以客户为中心的服务理念，始终将客户的需求和满意度放在首位。

2. 树立诚信、耐心和细致的工作态度，为农产品客户提供专业、周到的服务。

3. 培养团队合作精神和良好的沟通能力，与团队成员共同应对农产品客户服务中的各种挑战。

4. 具备强烈的学习意愿和自主学习能力，不断更新农产品客户服务的知识和技能。

5. 培养创新意识和应变能力，积极探索创新农产品客户服务模式和方法，提升服务质量和效率。

引导案例

“丰收果园”的客户服务升级实践

案例背景

“丰收果园”是一家历史悠久的农产品供应商，随着电子商务浪潮的兴起，决定转型线上销售，以拓宽市场。然而，在转型初期，客户服务体系的不成熟成了制约其发展的关键因素。

面临的挑战

1. 客户咨询量大，响应速度慢，导致客户体验不佳。

2. 客服团队对产品特性了解不深入，难以提供专业解答。

3. 缺乏个性化的客户服务方案，难以满足客户的多样化需求。

应对策略与措施

1. 引入先进的客户服务管理系统，优化客服工作流程，提升响应速度。

2. 对客服团队进行系统的产品知识培训，确保每位客服都能深入了解产品特性。

3. 分析客户数据，制定个性化的客户服务方案，增强客户黏性。

成果展示

通过上述应对策略与措施，“丰收果园”的客户服务质量得到了显著提升。客户满意度和忠诚度均有大幅提高，为企业的持续发展注入了强劲动力。同时，客户服务的升级也带动了整体销售额的增长，实现了双赢的局面。

案例启示

“丰收果园”通过引入先进的管理工具、加强员工培训及实施个性化服务等策略，农产品电子商务运营者可以不断提升客户服务水平，赢得客户的信赖和支持。

知识讲堂

任务1　农产品客户问题答疑

在农产品电子商务领域中，客户问题答疑是提升用户体验、建立品牌信任及促进持续消费的关键环节。由于农产品的特殊性，如生长周期、品质差异、物流配送等，使得客户在购物过程中可能产生多种疑问。本任务将深入探讨农产品客户常见的问题，并提供相关的答疑，帮助农产品电子商务运营者更好地服务客户，提升整体运营效果。

一、农产品质量相关问题答疑

农产品质量是消费者最为关心的问题之一，能够直接影响消费者的购买决策。因此，对于农产品质量相关的问题，农产品电子商务运营者需要高度重视并给予详细解答。

（一）农产品质量标准与认证

农产品电子商务运营者需要明确展示所售农产品的质量标准和认证信息，如绿色食品认证、有机食品认证等。在答疑时，应详细说明这些标准和认证的含义、作用及平台如何确保所售农产品符合这些标准和认证要求。通过提供权威的质量标准和认证信息，可以增强消费者对平台农产品的信任感。

发展绿色、有机、地理标志和达标合格农产品统称“三品一标”，如图 4-1 所示。这一概念旨在推动农业品种培优、品质提升、品牌打造和标准化生产，也是推进农业绿色发展的重要抓手。

图 4-1　“三品一标”

（二）农产品质量保障措施

农产品电子商务运营者应该对保障农产品质量所采取的措施进行详细的介绍，如严格筛选供应商、建立质量检测体系、采用先进的仓储和物流技术等方式。同时，需要强调平台对农产品质量的持续监控和改进计划，展现平台在保障农产品质量方面的决心和实力。

（三）农产品质量问题处理

当消费者反映农产品质量问题时，农产品电子商务运营者需要迅速启动问题处理流程，包括核实问题、与供应商沟通、为消费者提供退换货及补偿服务等内容。在答疑时，应详细说明这一流程的具体步骤和时间节点，让消费者感受到平台的关注和负责态度。

二、农产品价格相关问题答疑

价格是消费者购买农产品时考虑的重要因素。因此，对于农产品价格相关的问题，农产品电子商务运营者需要给予明确、合理的解答。

（一）农产品价格构成与波动原因

农产品电子商务运营者应详细解释农产品价格的构成因素，包括生产成本、流通成本、市场供需关系等。同时，需要说明农产品价格受季节、气候等多种因素影响而波动的原因。通过提供全面的价格信息，可以帮助消费者了解农产品价格构成与波动原因。

（二）平台价格策略与优惠活动

农产品电子商务运营者应介绍平台价格策略的制定原则和实施方法，展示平台在价格方面的科学性、公正性和透明性。同时，应详细介绍平台定期推出的优惠活动，如满减、折扣、赠品等，激发消费者的购买兴趣。还应强调平台会不断优化价格策略和推出更多优惠活动，以回馈广大消费者。促销活动宣传海报如图 4-2 所示。

图 4-2 促销活动宣传海报

三、农产品物流配送相关问题答疑

物流配送是农产品电子商务运营中的重要环节之一，直接影响消费者的购物体验和满意度。因此，对于农产品物流配送的相关问题，农产品电子商务运营者需要给予消费者及时、准确的解答。

（一）物流配送流程与时间

农产品电子商务运营者应详细介绍农产品物流配送的流程，包括接收订单、运输计划、车辆调度等多个环节。同时，应提供预计的送达时间和可能影响送达时间的因素，如节假日、天气等情况。通过提供清晰的物流配送信息，可以帮助消费者更好地了解配送进度并安排收货时间。物流配送流程如图 4-3 所示。

（二）物流配送问题处理与改进

当消费者反映物流配送问题时，如滞后、破损等情况，农产品电子商务运营者需要迅速采取措施解决问题，并详细说明处理方案和补偿措施。同时，应强调对物流配送服务的持续跟进和改善计划，以提高物流配送效率和服务质量。通过展示平台在物流配送方面的专业能力和改进决心，可以增强消费者对平台的信任和满意度。

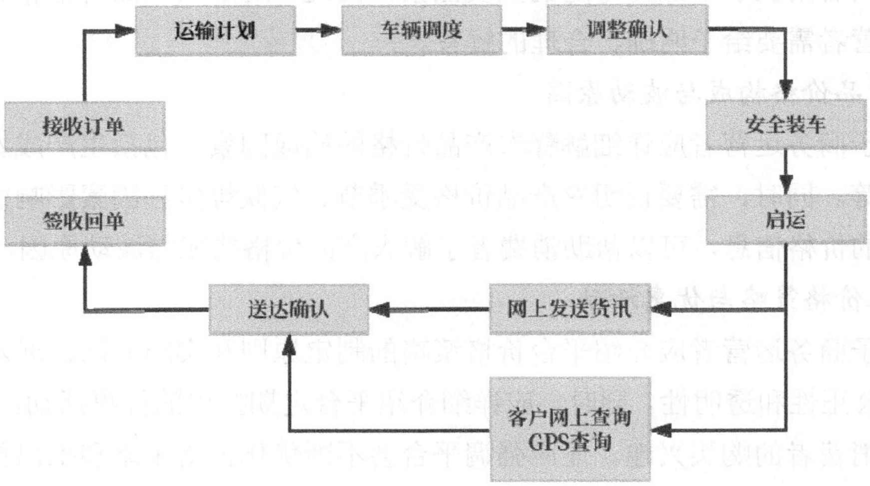

图 4-3　物流配送流程

四、农产品售后服务相关问题答疑

售后服务是农产品电子商务运营的重要组成部分，对于提升消费者满意度和忠诚度具有重要意义。因此，对于农产品售后服务的相关问题，农产品电子商务运营者需要给予全面、细致的解答。

（一）售后服务政策与流程

农产品电子商务运营者应详细介绍平台售后服务政策，包括退换货条件、退款方式、客服联系方式等。同时，应提供明确的售后服务流程图和时间节点，及时帮助消费者解决问题。通过提供完善的售后服务政策和流程信息，让消费者感受到平台的关怀与支持。

（二）常见的售后服务问题解答与预防

农产品电子商务运营者应总结消费者在售后服务中常见的问题，并提供详细的解决方案和预防措施。例如，针对农产品变质、损坏等问题，可以提供相应的退换货政策和补偿措施；针对消费者操作不当或误解导致的问题，可以提供详细的使用说明和注意事项等。通过提前解答和预防常见的售后服务问题，可以减少消费者的困扰和不满情绪。

农产品客户问题答疑是农产品电子商务运营中的关键环节，对于提升用户体验、建立品牌信任及促进持续消费具有重要意义。本任务从农产品质量、价格、物流配送和售后服务等方面探讨了常见的客户问题，并提供了相关的答疑。未来，随着农产品电子商务市场的不断发展和消费者需求的不断变化，客户问题答疑将面临新的挑战和机遇。因此，农产品电子商务运营者需要持续关注消费者需求变化和市场动态，不断完善答疑体系和服务质量以适应市场的挑战，赢得消费者的认可与信赖。同时，运营者还应积极探索新的技术手段和营销策略，以提升客户问题答疑的效率和效果，为消费者提供更加优质、便捷的购物体验。

案例链接

案例一 打造品质标准

于殿红是黑龙江省五常市的农户，几年前开始在网上销售自家产的大米，常常遇到消费者提问“怎么证明你卖的是五常大米？”于殿红只好把身份证拍照给人看。“好东西还愁卖？”让不少农户既困惑又无奈。

转机很快出现，五常市设立了“五常臻米网”，对全市大米品牌产品进行公示，并以农业物联网为依托，建成“确地、确种子、确投入品、稻米三重检测”的水稻溯源防伪系统。据了解，五常市对良种繁育、育苗插秧、收割仓储到加工销售的 27 个流程 99 道工序逐一细化，制定并推广了五常大米种子、种植、投入品等 8 个方面的地方标准。“达到标准才能进入加工溯源体系，才能使用五常大米溯源防伪标识和二维码。”于殿红说，“网上一搜，就知道咱家是五常的。袋上一扫，哪个村、谁的田、啥品种、检测报告，一目了然。有这一标一码，销量翻了不止一番。”

如今，市政府开设线上“五常大米自营旗舰店”，集合本地合作社、大米企业，统一推广运营，共同使用“五常大米”公共品牌。各部门还组织企业、合作社参加大米节等展销会，线上线下结合提升品牌影响力。

品牌化让农产品电子商务驶入快车道，无论是擦亮旧品牌，还是塑造新品牌，提升品质是关键。不断推进区域公共品牌建设，有利于宣传地方特色农产品，引领规模化生产、标准化管理和产业化经营，提升农产品电子商务质量效益和市场竞争力。

案例二 电子商务打开销路

在乔甸镇李捷村，获得石榴丰收的村民李本斌一开始想继续通过传统渠道销售，但问了好几家采购商，最高收购价每斤仅 1.8 元。他想起曾在别人家的石榴地里看到过“果农爸爸”直播团队，几个年轻人在田里对着手机卖力吆喝着“石榴现摘现发，不吐籽味道甜！”

于是，李本斌拉着石榴来到镇上的果农公司。公司负责人袁晓薇说：“你家的石榴品相好、个头大，这样的石榴适合走电子商务渠道，做精品零售。”两人一拍即合，按照每斤 2.2 元的收购价格出售了 80 多吨石榴。

袁晓薇从事农村电子商务行业已有 6 年。2018 年，她辞职回乡，和几个朋友一起创业，在网上卖当地特色果蔬。他们下到田里，向农户学习，记录、展示农产品的种植、采摘、打包、发货等环节，销售农产品的同时，加强了对当地农业的了解和宣传。如今，全镇 30 多种果蔬经过她的网店销往全国各地。

任务 2　农产品交易促成策略认知

在农产品电子商务运营中，交易促成策略是提升销售额、增强市场竞争力的关键。农产品作为特殊的商品类别，其交易促成策略需要充分考虑产品特性、市场需求、消费者心理等多方面因素。本任务将深入探讨农产品交易促成的有效策略，帮助农产品电子商务运营者实现更好的运营效果。

一、农产品特性分析

在制定交易促成策略前，需要深入了解农产品的特性。农产品具有季节性、地域性、易腐性等特点，这些特点对交易促成策略的制定具有重要影响。例如，针对季节性农产品，平台可以通过预售、限时抢购等方式提前锁定消费者需求；针对地域性农产品，平台可以通过地域文化营销、特色农产品推广等方式吸引消费者关注。

二、农产品市场需求分析

了解市场需求是制定交易促成策略的基础。农产品电子商务运营者需要通过市场调研、数据分析等方式，准确把握消费者对农产品的需求特点、购买习惯和价格敏感度等信息。针对不同类型的消费者，平台可以制定差异化的交易促成策略，如针对价格敏感型消费者，平台可以通过优惠券、满减等价格策略刺激购买；针对品质追求型消费者，平台可以通过优质农产品推荐、品质保证等方式提升购买信心。

三、农产品交易促成策略

（一）价格策略

价格是影响农产品交易的重要因素之一。农产品电子商务运营者可以通过制定合理的价格策略，提升消费者的购买兴趣。例如，采用阶梯式定价策略，对购买数量较多的消费者给予价格优惠；采用促销定价策略，刺激消费者在促销活动期内的购买欲望。此外，农产品电子商务运营者还可以通过与供应商的深度合作，降低成本，从而为消费者提供更具竞争力的价格。价格策略如图 4-4 所示。

图 4-4　价格策略

（二）品质保证策略

农产品品质是影响消费者购买决策的关键因素之一。农产品电子商务运营者可以通过建立严格的品质控制体系，确保所售农产品的品质符合消费者期望。例如，与优质供应商建立长期合作关系，确保货源的稳定与品质；建立质量检测机制，对入库的农产品进行严格检测，确保产品品质。通过品质保证策略，平台可以树立良好的口碑，吸引更多消费者购买。品质保证策略如图 4-5 所示。

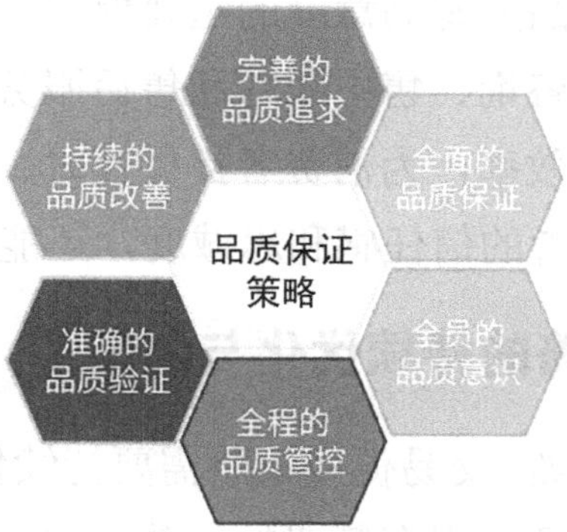

图 4-5　品质保证策略

（三）营销推广策略

有效的营销推广是提升农产品销售额的重要手段。农产品电子商务运营者可以利用多种渠道进行营销推广，如社交媒体广告、搜索引擎优化、线下活动策划等方式。在营销推广过程中，农产品电子商务运营者需要注重内容的质量和创意性，以吸引消费者的注意力。例如，通过制作精美的农产品海报、发布有趣的农产品知识文章、举办农产品品鉴会等方式，增强消费者对平台的认知度和好感度。品牌营销如图 4-6 所示。

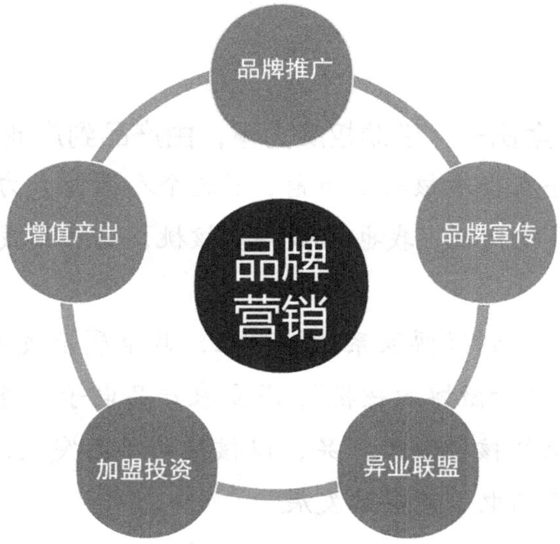

图 4-6　品牌营销

（四）物流配送策略

快速、准确的物流配送是提升农产品交易体验的关键之一。农产品电子商务运营者需要与专业的物流公司合作，建立完善的物流配送体系。在物流配送过程中，平台需要注重时效性和安全性，确保农产品能够新鲜、完整地送达消费者手中。此外，平台还可以提供多种配送方式供消费者选择，如普通配送、加急配送等，以满足不同消费者的需求。

（五）客户服务策略

优质的客户服务是提升农产品交易满意度的重要保障。农产品电子商务运营者需要建立完善的客户服务体系，包括售前咨询、售中跟踪和售后服务等环节。在客户服务过程中，平台需要注重响应速度和问题解决效率，为消费者提供及时、专业的服务支持。通过优质的客户服务策略，不仅能够增强消费者的信任感和忠诚度，还能有效促进交易的顺利完成。

四、农产品交易促成策略的持续优化与创新

农产品电子商务市场竞争激烈，交易促成策略需要持续优化与创新才能够适应市场变化。农产品电子商务运营者需要定期评估现有策略的有效性并进行调整和改进；同时还需要关注行业动态和消费者需求变化以便及时捕捉新的市场机遇，制定相应的创新策略。农产品电子商务运营者可以通过引入直播带货、短视频营销等手段创新交易促成方式，或者通过与农业产业链上下游企业合作，拓展业务领域提高市场竞争力。

农产品交易促成策略在农产品电子商务运营中扮演着至关重要的角色。本任务从农产品特性分析、市场需求分析及具体的交易促成策略等方面进行了深入探讨并提出了相应的建议。未来，随着农产品电子商务市场的不断发展和消费者需求的不断变化，交易促成策略将面临新的挑战和机遇。因此，农产品电子商务运营者需要持续关注市场动态，不断优化和创新交易促成策略，以适应市场的变化并满足消费者的多样化需求。

案例链接

案例一　借助权威力量，由产品到产业

甘肃省成县某县级领导在当地核桃上市前，通过个人微博大力宣传成县核桃，“今年核桃长势很好，欢迎大家来成县吃核桃，我也用微博卖核桃，快来买我们成县的核桃吧”，该条微博被网友转评 2 000 余次。

从建立农产品电子商务，到微博联系核桃卖家，甚至展示成县核桃的多种吃法。在该县级领导的带动下，全县干部“开微博卖核桃”，成立农产品电子商务协会，夏季卖的是鲜核桃，冬季卖的是干核桃，正在上线核桃加工产品，以核桃为单品突破，打通整条农产品电子商务产业链，逐次推动其他农产品电子商务的发展。

案例二　电子商务引领产业转型

海宁市作为国内知名的皮革产业基地，积极追随网络的步伐推动电子商务发展。早在

2012 年，海宁市的网商数量就已经超过 10 000 家，新增就业岗位 40 000 余个，网络年销量突破百亿大关。

目前，全市从事农产品电子商务相关的企业共有 1 500 余家，网商总数量超过 2 万家。其中注册天猫店铺 780 家，成功创建“浙江省首批电子商务示范市”和“浙江省电子商务创新样本”，并在“2021 年中国电子商务发展百佳县”榜单中排名第三。

任务 3 农产品订单纠纷处理

在农产品电子商务运营过程中，正确处理订单纠纷，不仅能够保障消费者权益，还能维护农产品电子商务平台的声誉。因此，建立合理、高效的订单纠纷处理机制至关重要。本任务将详细探讨农产品订单纠纷处理的类型与原因、原则、流程及策略，为农产品电子商务平台的纠纷处理工作提供帮助。

一、农产品订单纠纷的类型与原因

农产品订单纠纷主要包括商品质量问题、数量不符、物流延误、错发漏发等类型。这些纠纷的产生往往源于多方面的原因，如供应商管理不善、物流配送失误、消费者误解等情况。想要有效处理这些纠纷，必须深入了解其类型和原因，采取有针对性的措施。

二、农产品订单纠纷处理的原则

在处理农产品订单纠纷时，应遵循公平、公正、及时、有效的原则。具体而言，农产品电子商务运营者应保持中立的立场，客观、公正地处理消费者与供应商之间的纠纷；同时，应确保处理过程的高效性，尽快为消费者解决问题，减少其等待时间和损失。

三、农产品订单纠纷处理的流程

（一）接收与审核纠纷

当消费者向平台提交订单纠纷申请时，平台应先接收并审核申请。在审核过程中，农产品电子商务运营者需要核实消费者的身份信息和订单信息，确保申请的合法性和真实性。同时，运营者还需要对纠纷的具体情况进行了解，以便为后续处理提供依据。调解纠纷如图 4-7 所示。

图 4-7 调解纠纷

（二）沟通与协商

在审核通过后，农产品电子商务运营者应积极与消费者和供应商进行沟通，了解双方的诉求和意见。在沟通过程中，要保持中立的立场，客观、公正地传达双方的信息和意见。通过充分的沟通，平台可以协调双方达成一致意见，解决纠纷。

（三）裁决与执行

若双方无法达成一致意见，农产品电子商务运营者需要根据纠纷的具体情况和相关规定进行裁决。裁决结果应公平、公正，并符合法律法规的要求。在裁决后，还需要监督双方执行裁决结果，确保纠纷得到妥善处理。

四、农产品订单纠纷处理的策略

（一）建立完善的纠纷处理机制

农产品电子商务运营者应建立完善的纠纷处理机制，包括专业的纠纷处理团队、明确的处理流程和时间节点等。通过机制化、规范化的处理，可以提高纠纷处理的效率和质量。

（二）加强供应商管理

供应商是农产品电子商务运营平台的重要合作伙伴，其产品质量和服务水平直接影响到消费者的购物体验和纠纷发生率。因此，农产品电子商务运营者应该加强对供应商的管理和监督，确保其提供的产品和服务符合标准和要求。通过定期评估、建立奖惩机制等措施，激励供应商提高产品质量和服务水平。

（三）优化物流配送体系

物流配送是农产品电子商务运营中的关键环节之一，也是容易产生订单纠纷的主要原因之一。农产品电子商务运营者应优化物流配送体系，提高物流效率和准确性，通过引入先进的物流技术和管理手段、建立紧密的合作关系等措施，降低物流延误和错发漏发的风险。

（四）加强消费者教育与引导

消费者在购物过程中往往存在误解或操作不当等问题，这也是容易产生订单纠纷的原因之一。因此，农产品电子商务运营者应加强对消费者的教育与引导工作，通过发布购物指南、提供操作教程等方式帮助消费者更好地了解和使用平台。同时，还应该建立消费者反馈机制，及时收集和处理消费者的意见和建议。反馈机制如图 4-8 所示。

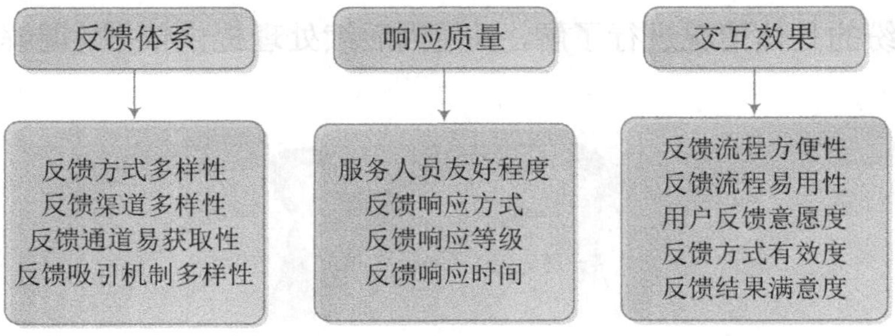

图 4-8　反馈机制

在处理农产品订单纠纷时，农产品电子商务运营者可能会面临法律法规不完善、证据收集困难等挑战。针对这些挑战，可以采取以下对策：一是加强法律法规的学习与研究工作，确保处理过程中符合法律法规要求；二是建立完善的证据收集与保存机制，为纠纷处理提供有力支持；三是积极与相关部门合作，共同打击违法行为，维护市场秩序。

农产品订单纠纷处理是农产品电子商务运营中的一个重要环节。本任务从纠纷的类型与原因、处理原则与流程及处理策略等方面进行了深入探讨，并提出了相应的建议。随着农产品电子商务市场的不断发展和消费者需求的不断变化，订单纠纷处理工作将面临新的挑战和机遇。因此，农产品电子商务运营者需要持续关注市场动态，不断优化和创新纠纷处理机制，以适应市场的变化并满足消费者的多样化需求，实现更好的运营效果。同时，运营者还应该积极与相关部门合作，共同推动农产品电子商务行业的健康发展。

案例链接

农产品交易纠纷审判法庭助力“菜篮子工程”

金乡县位于山东省西南部，有 2 000 多年建县史，是千年诚信典范——“鸡黍之约”的发源地。金乡县农业资源丰富，是世界大蒜种植培育、储藏加工、贸易流通、信息发布和价格形成的中心，享有“世界大蒜看中国，中国大蒜看金乡”的美誉，同时金乡还是中国圆葱之乡、金谷之乡、辣椒之乡和中国十大蔬菜之乡。

2020 年 5 月，金乡县人民法院在山东省率先设立农产品交易纠纷审判法庭，实行涉农产品交易纠纷案件集中管辖，健全专业化审判机制，深化诉源治理，厚植群众法治意识，以高质量司法服务乡村振兴，赋能“菜篮子工程”。

任务 4　农产品客户管理

在农产品电子商务运营中，客户管理是一项重要的工作。有效的客户管理不仅能够帮助企业更好地了解客户需求，提升客户满意度，还能够促进企业的持续发展。本任务将深入探讨农产品客户管理的理念、策略及实施方法，为农产品电子商务平台的客户管理工作提供帮助。

一、农产品客户管理的理念

农产品客户管理的核心理念是以客户为中心，通过满足客户需求、提升客户体验，实现企业的长期发展目标。在农产品电子商务领域中，客户管理的关键在于深入理解客户的消费习惯、购买偏好及价值取向，为客户提供更加精准化、个性化的产品和服务。

二、农产品客户管理的策略

（一）客户细分策略

客户细分策略是农产品客户管理的基础。通过对客户进行细分，农产品电子商务运营者可以更加精准地了解不同客户群体的需求特点，进而制定个性化的服务策略。客户细分可以依据多种维度进行，如地理位置、购买频次、消费金额等。在实施客户细分策略时，农产品电子商务运营者需要借助数据分析工具，对客户的消费行为进行深入研究，确保细分的准确性和有效性。

（二）客户关系维护策略

良好的客户关系是农产品电子商务平台持续发展的关键因素。为了维护与客户之间的长期合作关系，农产品电子商务运营者需要采取多种措施，如定期与客户进行沟通、及时处理客户投诉、为客户提供个性化的购物体验等。此外，运营者还可以通过建立等级晋升计划、提供积分兑换活动等方式，增强客户黏性。

（三）客户价值提升策略

提升客户价值是农产品客户管理的重要目标之一。为了实现这一目标，农产品电子商务运营者需要关注客户的生命周期管理，包括客户的获取、转化、保留及价值提升等阶段。在客户获取阶段，运营者需要通过多种渠道吸引潜在客户；在客户转化阶段，运营者需要优化购物流程、提高服务质量以促进客户完成购买；在客户保留阶段，运营者需要持续提供优质的产品和服务以保持客户的满意度；在客户价值提升阶段，运营者需要通过交叉销售、增值服务等方式深入挖掘客户的潜在价值。

三、农产品客户管理的实施方法

（一）建立客户数据库

建立客户数据库是实施农产品客户管理的基础工作。通过收集客户的姓名、联系方式、购买记录等信息，农产品电子商务运营者可以建立一个全面、准确的客户数据库。这个数据库将为企业后续的客户分析、营销策略制定提供有力的数据支持。客户数据库如图 4-9 所示。

（二）运用数据分析工具

数据分析工具在农产品客户管理中发挥着重要的作用。借助这些工具，农产品电子商务运营者可以对客户的消费行为进行深入挖掘和分析，从而发现客户的潜在需求和价值。例如，通过数据分析工具了解客户的购买偏好、消费习惯及价值取向等信息，进而制定更加精准的产品和服务策略。

（三）建立客户服务团队

专业的客户服务团队是实施农产品客户管理的重要保障之一。客户服务团队需要具备丰富的产品知识、良好的沟通技巧及快速解决问题的能力。通过为客户提供优质、高效的服务，企业可以赢得客户的信任，促进企业的持续发展。

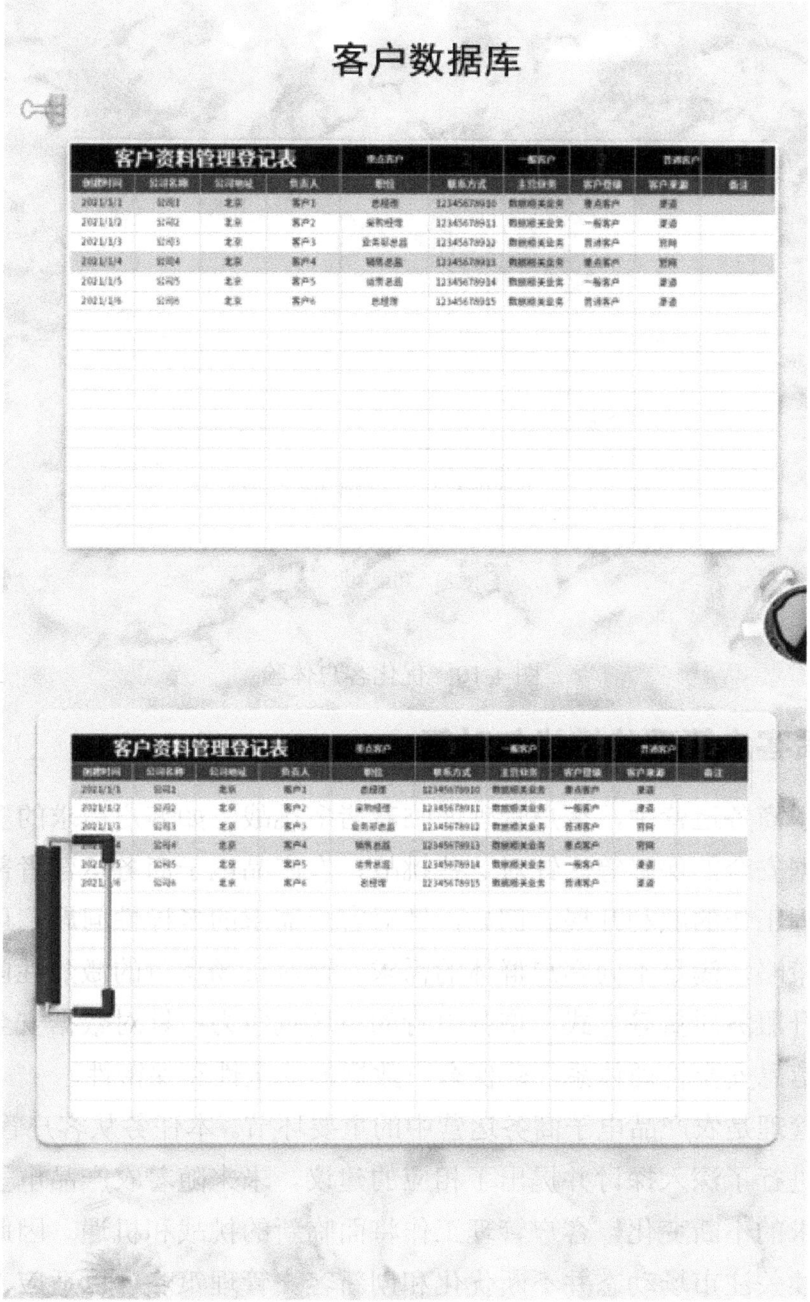

图 4-9 客户数据库

（四）持续优化客户体验

优化客户体验是农产品客户管理的一项核心任务。为了实现这一目标，农产品电子商务运营者需要从客户的角度出发，对购物流程、产品质量、物流配送等环节进行持续改进和优化。通过提供便捷、高效的购物体验和优质的产品及服务，企业可以不断提升客户的满意度和忠诚度。优化客户体验如图 4-10 所示。

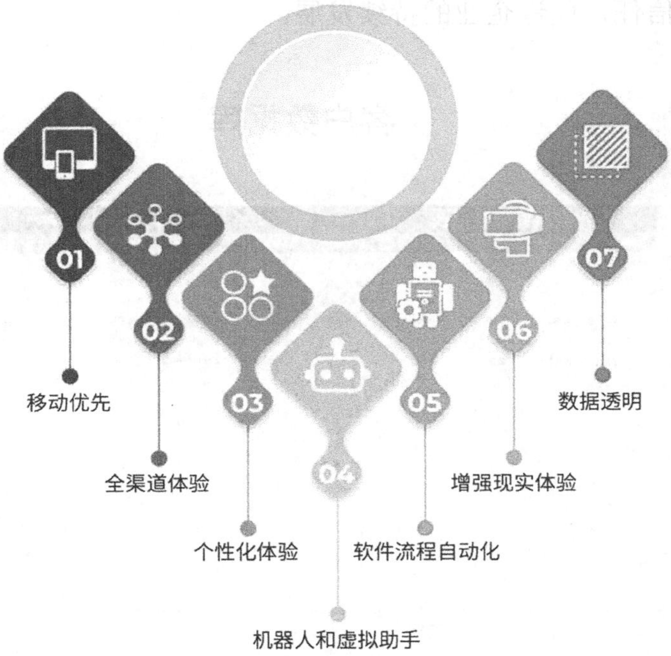

图 4-10　优化客户体验

四、农产品客户管理的挑战与对策

在农产品电子商务运营中，客户管理面临着诸多挑战，如客户需求的多样性、市场竞争的激烈性以及数据安全的保障等。针对这些挑战，农产品电子商务运营者需要采取相应的对策以确保客户管理工作的顺利开展。例如，针对客户需求的多样性问题，可以通过引入多样化的产品和服务策略，满足不同客户群体的需求；针对市场竞争的激烈性问题，可以通过加强品牌建设、提升服务质量等方式，增强自身的市场竞争力；针对数据安全保障问题，可以通过建立完善的信息安全管理体系，确保客户数据的安全性和保密性。

农产品客户管理是农产品电子商务运营中的重要环节。本任务从客户管理的理念、策略、实施方法等方面进行了深入探讨并提出了相应的建议。未来随着农产品电子商务市场的不断发展和消费者需求的不断变化，客户管理工作将面临新的挑战和机遇。因此，农产品电子商务运营者需要持续关注市场动态并不断优化和创新客户管理策略，以适应市场的变化及满足消费者的多样化需求，实现更好的运营效果。

项目小结

本项目探讨了农产品电子商务运营中客户服务的重要性、核心理念、实施策略及持续改进的策略。客户服务作为农产品电子商务运营平台与客户之间最直接、最关键的接触点，不仅关乎着交易的顺利完成，更影响着客户满意度、忠诚度和口碑传播。因此，深入理解农产品客户服务的相关知识，对于农产品电子商务运营者而言，具有重要的价值。

农产品客户服务的核心目标，即为客户提供优质、高效、个性化的服务体验。这种体验不仅局限于交易过程中，而是贯穿于客户与农产品电子商务运营平台的整个互动过程中。为了实现这一目标，平台需要建立以客户为中心的服务理念，将客户的需求和满意度放在首位，通过提供优质的服务赢得客户的信任和忠诚。

农产品客户服务的主要内容，包括售前咨询、售中服务和售后服务。售前咨询是客户与农产品电子商务运营平台建立联系的起点，要求客服人员具备专业的产品知识和良好的沟通技巧，能够准确理解客户的需求，并提供专业的建议。售中服务则关注于订单的处理、物流的跟踪及客户反馈的及时响应，确保交易过程的顺畅和客户满意度的持续提高。而售后服务则更加注重于问题的解决和客户关系的维护，通过处理退换货、投诉等售后问题，以及定期的回访和关怀，增强客户黏性。

在实施策略方面，本项目强调了客户服务团队建设和培训的重要性。一个优秀的客户服务团队不仅需要具备专业的知识和技能，更需要有良好的服务意识和团队合作精神。因此，农产品电子商务运营平台需要投入资源选拔、培养和激励优秀的客户服务人员，组建一支高效、专业的客户服务团队。同时，通过定期的培训和分享会，不断提升客户服务人员的业务水平和服务意识，确保他们能够为客户提供更加优质的服务。

在农产品电子商务领域中，由于农产品的特殊性和物流的复杂性，客户服务往往面临着很多的挑战。例如，农产品的新鲜度、质量安全及物流延误等问题，都可能导致客户的不满和投诉。因此，农产品电子商务运营平台需要建立完善的客户服务机制和应急预案，对这些问题进行及时、有效的应对，保障农产品供应链的稳定，维护消费者的权益，促进平台的持续健康发展。

在激烈的市场竞争中，只有不断创新和改进，才能保持农产品企业的领先优势和竞争力。因此，农产品电子商务运营平台需要定期收集和分析客户的反馈及意见，及时改进并优化服务中的不足和问题。同时，通过引入新的技术和服务模式，如人工智能客服、社交媒体互动等，创新客户服务的方式，提升客户服务的效率和质量。

综上所述，本项目为我们提供了全面的客户服务指导和实践策略。通过深入理解和应用这些知识，农产品电子商务运营者可以不断提升自身的客户服务水平，为客户提供更加优质、高效的服务体验。

课后案例

案例一　用心服务，传递农产品的温度

背景

农产品电子商务的竞争不仅在于产品的品质和价格，更在于服务的质量和水平。某农产品电

子商务平台十分注重客户服务，通过用心服务传递农产品的温度，赢得了消费者的认可和信赖。

思政元素

服务意识：该电子商务平台始终将客户需求放在首位，积极倡导“以客户为中心”的服务理念，员工们深知服务的重要性，始终以热情、耐心、专业的态度为消费者提供优质服务。

情感连接：在农产品销售过程中，该电子商务平台注重与消费者建立情感连接，通过讲述农产品的故事、分享种植者的辛勤付出等方式，让消费者感受到农产品的温度和价值，增强消费者对产品的认同感和归属感。

持续改进：为了提供更好的服务，该电子商务平台不断收集消费者的反馈意见，及时改进服务流程和服务质量，通过持续优化客户服务体验，提升消费者的满意度和忠诚度。

教育意义

这个案例让我们深刻认识到优质的客户服务是赢得消费者认可和信赖的关键。通过用心服务，可以传递农产品的温度和价值，与消费者建立情感连接。同时，这个案例也鼓励我们在未来的农产品电子商务实践中积极倡导服务意识，不断改进服务质量，为消费者提供更好的购物体验。

案例二　智能客服，提升农产品电子商务服务效率

背景

随着人工智能技术的不断发展，智能客服在农产品电子商务中的应用越来越广泛。某农产品电子商务平台引入智能客服系统，通过智能化手段提升服务效率，为消费者提供便捷、高效的服务体验。

思政元素

科技创新：该电子商务平台紧跟科技发展趋势，积极引入人工智能技术提升客户服务水平，通过智能客服系统实现自动化和智能化的服务流程，提高了服务效率和质量。

便捷高效：智能客服系统能够快速响应消费者的咨询问题，提供准确、全面的解答，让消费者无须等待人工客服的回复，就可以获得及时的服务支持，大幅提升了购物体验的便捷性和高效性。

人机协同：在智能客服系统的辅助下，人工客服可以更加专注于处理复杂问题和个性化需求，人机协同的工作模式使得客户服务更加高效、精准，满足了消费者多样化的服务需求。

教育意义

这个案例向我们展示了科技创新在农产品电子商务客户服务中的重要作用。通过引入智能客服系统，可以实现服务流程的自动化和智能化，提高服务效率和质量。同时，这个案例也鼓励我们在未来的农产品电子商务实践中积极探索科技创新的应用场景，为消费者提供更加便捷、高效的服务体验。

巩固提高

一、单项选择题

1. 在农产品电子商务平台上，（　　）不属于“三品一标”概念中的内容。
   A. 无公害农产品
   B. 绿色食品
   C. 有机食品
   D. 农产品地理标志
2. 在农产品电子商务运营中，（　　）是最适合应对农产品的季节性特点。
   A. 提供农产品的详细营养成分分析
   B. 实施预售和限时抢购活动
   C. 提供农产品的种植技术指导
   D. 开展农产品的健康饮食教育活动
3. 在农产品电子商务运营中，（　　）不是导致订单纠纷的常见原因。
   A. 商品质量问题
   B. 数量不符
   C. 物流延误
   D. 产品包装过于精美

二、判断题

1. 农产品地理标志登记证书长期有效。（　　）
2. 中国名牌农产品认定通过后有效期限是五年。（　　）
3. 有机食品的证书有效期是一年，每年检查一次。（　　）
4. 无公害农产品产地认定和产品认证都不得收取费用。（　　）
5. 中绿华夏有机食品认证中心是我国无公害食品的认证单位。（　　）

三、简答题

1. 在农产品电子商务中，优质的客户服务包括哪些方面？
2. 农产品客户服务在提升客户满意度和忠诚度方面有哪些重要作用？
3. 在处理农产品客户投诉时，应遵循哪些原则和步骤？
4. 农产品电子商务企业如何通过客户服务收集和利用客户反馈？
5. 在农产品电子商务中，如何结合客户服务策略提升品牌形象和市场竞争力？

考核评价模块

一、考核评价目标

本模块的考核评价旨在评估学生在农产品电子商务客户服务方面的能力，包括服务态度、沟通技巧、问题解决能力、客户满意度等。

二、考核评价标准

（一）服务态度

礼貌、热情、耐心，能够给客户留下良好的第一印象。

对待客户提出的问题认真负责，不推诿、不敷衍。

（二）沟通技巧

能够准确理解客户需求，并给予清晰、明确的回应。

善于倾听客户意见，能够有效引导对话，化解矛盾。

（三）问题解决能力

对客户提出的问题能够迅速做出判断，并给予合理的解决方案。

遇到复杂问题时，能够协调资源，寻求支持，确保问题得到妥善解决。

（四）客户满意度

通过客户反馈、评价等方式，评估客户对服务的整体满意度。

关注客户体验，积极收集客户意见，不断改进服务。

三、考核评价方法

角色扮演：模拟客户服务场景，要求学生扮演客服人员，处理客户咨询、投诉等问题，观察其表现。

案例分析：提供真实的客户服务案例，要求学生进行分析，并提出解决方案。通过案例讨论，评估学生的问题解决能力。

客户满意度调查：设计客户满意度调查问卷，收集客户对学生的服务评价，作为考核依据之一。

教师评价与学生互评：结合教师对学生的观察评价和学生之间的互评，形成全面、客观的考核结果。

四、考核评价结果反馈

具体分数与等级评定：根据考核评价标准，给出具体的分数和等级，让学生清楚自己在客户服务方面的表现。

优缺点分析：详细列出学生在客户服务中的优点和不足，帮助其认识自己的长处及需要改进的地方。

改进建议：针对学生的不足之处，提供具体可行的改进建议，如加强沟通技巧培训、提升问题解决能力等。

案例分享：鼓励学生分享自己在客户服务中的案例和经验，促进同学间的交流和学习。

后续跟进计划：根据学生的表现，制订个性化的后续跟进计划，如定期参加客户服务培训、参与项目实践等，促进其持续成长。同时，对于表现优异的学生，可以给予额外奖励和激励措施，如颁发荣誉证书、提供实习机会等。

项目五 农产品物流渠道建立

项目导读

物流渠道建立是农产品电子商务运营中的一项重要任务，它直接影响农产品从产地到消费者手中的流通效率和成本控制。在农产品电子商务运营中，物流渠道不仅承载着农产品的运输和配送任务，更是连接农产品生产者和消费者的桥梁。

本项目将深入学习农产品包装运输、物流选择、仓储服务等相关知识。由于农产品具有鲜明的季节性、地域性和易腐性等特点，所以建立高效、可靠的物流渠道对于确保农产品的新鲜度、质量和安全十分重要。在选择与设计物流渠道时，需要综合考虑农产品的特性、市场需求、运输成本及物流配送的可达性和时效性等因素。同时，构建与优化物流配送网络也是农产品物流渠道建立的关键环节，包括配送路线的规划、运输工具的选择及配送时间的安排等内容。此外，随着物联网、大数据、人工智能等技术的不断发展，农产品物流渠道建立也迎来了新的发展机遇。通过运用这些先进技术，可以实现农产品物流信息的实时共享、运输过程的智能监控和配送服务的个性化定制，进一步提升物流效率和服务质量。

综上所述，物流渠道建立是农产品电子商务运营中必不可少的一个环节，只有建立起高效、可靠、创新的物流渠道，才能确保农产品电子商务的顺畅运营和持续发展。

学习目标

知识目标

1. 掌握农产品物流的基本概念、特点及其在农产品电子商务中的作用。
2. 了解农产品物流系统的组成要素，包括运输、仓储、装卸、包装、配送等。
3. 熟悉农产品物流渠道的类型和选择原则，能够根据农产品特性选择合适的物流渠道。

4. 学习农产品物流成本控制的方法，通过降低物流成本提高效益。
5. 掌握农产品物流信息化建设的必要性及其实现途径。

能力目标

1. 能够独立分析农产品物流需求，制定合理的物流渠道建立方案。
2. 能够运用物流知识，对农产品物流过程中的问题进行分析和解决。
3. 能够与物流服务提供商进行有效沟通，协同推进农产品物流渠道的建立和优化。
4. 具备农产品物流成本控制的能力，能够运用成本控制方法降低物流成本。
5. 能够运用信息技术手段，推进农产品物流信息化建设，提高物流效率。

素质目标

1. 培养全局观念和系统思维，能够从整体角度考虑农产品物流渠道的建立和优化。
2. 树立成本意识和效益观念，注重农产品物流成本控制和效益提升。
3. 培养创新意识和学习能力，关注农产品物流领域的新技术、新模式，勇于尝试和创新。
4. 具备团队合作精神和沟通能力，能够与团队成员共同推进农产品物流渠道建立工作。
5. 培养耐心和细致的工作态度，确保农产品物流渠道建立的准确性和可靠性。

引导案例

政策东风助力“农鲜直达”构建高效农产品物流体系

案例背景

近年来，国家对农业农村现代化建设十分重视，一系列相关政策的颁布，为农产品电子商务的发展提供了创新的机遇。特别是在“互联网+”行动计划、乡村振兴战略及农业供给侧结构性改革的推动下，物流渠道建立成了农产品电子商务运营中的关键一环。

案例主体

“农鲜直达”是一家专注于生鲜农产品直供的电子商务平台，其目标是将新鲜、优质的农产品从产地直接送到消费者的餐桌。面对市场竞争压力和消费者需求变化，“农鲜直达”认识到建立高效、稳定的农产品物流体系尤为重要。国家颁布的支持政策，如加强冷链物流设施建设、优化流通网络布局、降低物流成本等，为“农鲜直达”提供了有力支持。

案例实施

“农鲜直达”与当地物流公司合作，建立了能够覆盖主要农产品产区的物流配送网络。同时，建设了自己的冷链物流体系，包括冷库、冷藏车等设施设备，确保农产品在运输过程中的新鲜度和品质性。此外，“农鲜直达”还积极运用物联网、大数据等信息技术手段，建立了智能化的物流管理系统，实现了对农产品物流全过程的实时监控和管理，提高了物流效率和服务质量。

案例成效

经过一系列的努力，“农鲜直达”成功构建起了高效、稳定的农产品物流体系，其产品和服务得到了消费者的广泛认可和好评，市场份额不断提升。同时，“农鲜直达”成为农产品电子商务物流渠道建设的典范，为其他企业提供了借鉴和参考。

案例启示

“农鲜直达”的案例展示了在国家政策的支持下，通过与物流合作伙伴的紧密合作、投资建设冷链物流设施及运用信息技术手段，有效地建立和优化农产品物流渠道，提升物流效率和服务质量，实现企业的发展和市场的认可。

知识讲堂

任务1　农产品包装运输认知

农产品电子商务领域的迅速发展，对农产品的包装和运输提出了更高的要求。合理的包装和高效的运输不仅能够保证农产品的质量和安全，还能够提升消费者的购物体验，促进农产品电子商务运营的持续发展。本任务将深入探讨农产品包装运输的重要性、基本原则、实施策略，以及面临的挑战与对策，为农产品电子商务运营者提供参考。

一、农产品包装运输的重要性

在农产品电子商务运营中，包装和运输是连接生产者和消费者的桥梁。由于农产品具有易腐、易损等特点，所以需要使用合理的包装保护农产品在运输过程中的质量和安全，减少损耗和浪费。同时，高效的运输能够确保农产品及时送达消费者手中，满足消费者的需求。因此，包装和运输在农产品电子商务运营中具有重要的作用。农产品包装如图5-1所示。

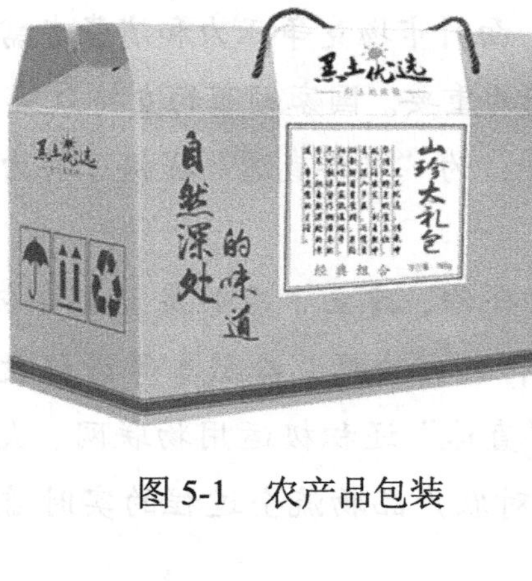

图5-1　农产品包装

二、农产品包装运输的基本原则

（一）保护性原则

农产品包装的首要任务是保护农产品在运输过程中不受损坏和污染。因此，在进行包装设计时，需要充分考虑农产品的特点、运输距离、运输方式等因素，选择合适的包装材料和包装结构，确保农产品的完整性和安全性。

（二）经济性原则

由于农产品包装和运输成本直接影响着农产品电子商务运营的成本。所以在选择包装材料和运输方式时，需要充分考虑成本因素，力求在保证农产品质量和安全的前提下，降低包装和运输成本，提高农产品电子商务运营的经济效益。

（三）环保性原则

随着人们环保意识的日益增强，农产品在选择包装材料时，应优先选择可降解、可回收的环保材料，减少包装废弃物对环境的污染。同时，在运输过程中，应合理安排运输路线和方式，减少能源消耗和排放，降低对环境的影响。

三、农产品包装运输的实施策略

（一）优化包装设计

农产品包装应针对农产品的特点，进行科学合理的设计。例如，对于易腐的农产品，可以采用真空包装、气调包装等保鲜技术；对于易损的农产品，可以采用防震、防压等保护措施。此外，还需要考虑消费者的使用体验感，如采用易开启、易携带的包装形式。包装设计如图 5-2 所示。

图 5-2 包装设计

（二）选择合适的运输方式

根据农产品的种类、数量、运输距离等因素，选择合适的运输方式。对于大宗农产品，可以选择铁路运输或水路运输等运量大、成本低的运输方式；对于批量小、价值高的农产品，可以选择航空运输或公路运输等运输方式。同时，还需要考虑运输过程中的温度、湿度等环境因素影响，确保农产品的质量和安全。运输方式如图 5-3 所示。

图 5-3　运输方式

（三）建立高效的物流体系

建立高效的物流体系是农产品电子商务运营的关键。农产品电子商务企业通过与专业的物流公司合作或建立自己的物流体系，实现农产品快速、准确的配送。同时，利用物联网、大数据等现代信息技术手段，对物流过程进行实时监控和管理，提高物流效率和服务质量。高效物流体系如图 5-4 所示。

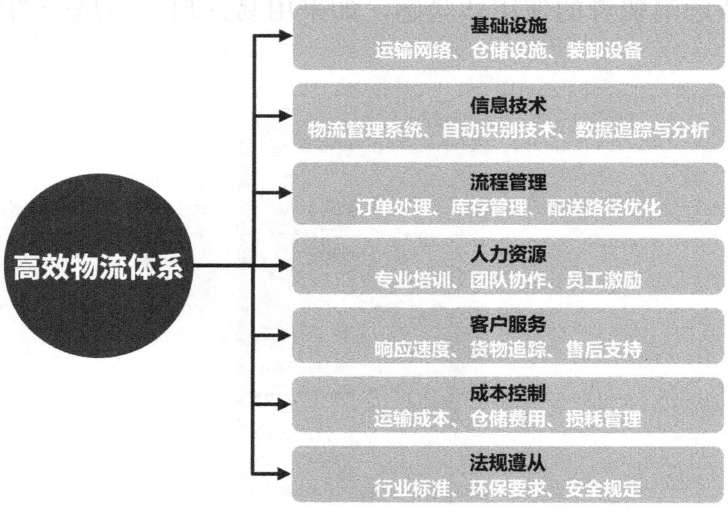

图 5-4　高效物流体系

四、农产品包装运输面临的挑战与对策

（一）农产品损耗问题

农产品在运输过程中容易发生损耗和变质，这不仅影响农产品的质量和安全，还增加了

农产品电子商务运营的成本。为了降低损耗率，可以采取以下措施：一是加强包装保护，采用更加科学合理的包装材料和包装结构；二是优化运输方式，选择更加快速和安全的运输方式；三是加强物流过程管理，利用现代信息技术手段对物流过程进行实时监控和管理。农产品损耗如图 5-5 所示。

图 5-5 农产品损耗

（二）物流成本问题

较高的物流成本在一定程度上限制了农产品电子商务运营的发展。为了降低物流成本，可以采取以下措施：一是优化包装设计，减少包装材料和人工成本；二是选择合适的运输方式和路线，降低运输成本；三是建立高效的物流体系，提高物流效率和服务质量。

（三）环保问题

在农产品包装运输过程中产生的废弃物和污染会对环境造成一定的影响，为了保护环境可以采取以下措施：一是选择环保的包装材料，减少废弃物的产生；二是优化运输方式和路线，减少能源消耗和排放；三是加强废弃物回收和处理工作，降低对环境的影响。

农产品包装运输是农产品电子商务运营中的重要环节之一。本任务从农产品包装运输的重要性、基本原则、实施策略及面临的挑战与对策等方面进行了分析并提出了相应的建议。未来，随着农产品电子商务市场的不断发展和消费者需求的不断变化，农产品包装运输将面临新的挑战和机遇。因此，农产品电子商务运营者需要持续关注市场动态，不断优化和创新包装运输策略，以适应市场的变化并满足消费者的多样化需求，实现更好的运营效果。同时，农产品电子商务企业还应积极与相关部门合作，共同推动农产品电子商务行业的健康发展。

案例链接

古迈茶园的包装设计

古迈茶园位于中国台湾地区，无污染的空气与山泉水灌溉，孕育出独特风味的茶品。茶农们认为只有健康的茶树才会有好茶叶，因此坚持对茶树管理，每年都会通过严格的 SGS 检验。

茶叶的包装设计采用“霁青色”作为礼盒的主色系，象征雨过天晴的梨山黑森林天空，透过版画的表现，勾勒出茶园景致。

任务 2　农产品物流选择认知

物流作为农产品电子商务运营中的关键因素，其选择直接影响农产品的流通效率、成本控制及客户满意度。在农产品电子商务迅速发展的背景下，如何选择合适的物流方式，确保农产品快速、安全、经济地从生产地传递到消费者手中，已成了农产品电子商务运营者面临的重要问题。本任务将对农产品物流选择进行深入探讨，旨在为农产品电子商务运营者提供参考和指导。

一、农产品物流的重要性

农产品物流是指农产品从生产地到消费地的实体流动过程，包括运输、储存、装卸、搬运、包装、配送等多个环节。在农产品电子商务运营中，物流选择的重要性主要体现在以下的方面。

1．保证农产品质量

由于农产品具有易腐、易损等特点，所以需要选择合适的物流方式，减少农产品在运输过程中的损耗，保证农产品高质量到达消费者手中。

2．控制成本

物流成本是农产品电子商务运营成本的重要组成部分，合理地进行物流选择有助于降低运输、储存等费用，提高整体经济效益。

3．提升客户满意度

快速、准确的物流服务能够提升消费者的购物体验，增强消费者对农产品电子商务平台的信任度和忠诚度。

二、农产品物流的主要方式

农产品物流主要有以下的方式。

1．自营物流

自营物流是指农产品电子商务企业自己建立物流体系，包括仓库、配送车辆和人员等要素。这种方式便于企业掌控物流环节，但投资成本较高，适用于规模较大、资金实力较强的企业，如京东物流、苏宁物流、菜鸟驿站等。自营物流如图 5-6 所示。

图 5-6　自营物流

2．第三方物流

农产品电子商务企业将物流业务外包给专业的第三方物流公司，可以降低企业的物流成本，利用第三方物流公司的专业化和规模化等优势，提高物流效率。第三方物流如图 5-7 所示。

图 5-7　第三方物流

3．物流联盟

由多个农产品电子商务企业共同组建的物流联盟，共享物流资源，实现优势互补。物流联盟有助于降低单个企业的物流成本，提高整体物流效率，但需要企业间具备良好的协作和信任基础。

4．众包物流

众包物流是指利用互联网平台整合社会闲散运力，为农产品电子商务运营提供配送服务，具有灵活性高和成本低的优势，但管理难度较大，适用于批量小、距离短的农产品配送。

三、农产品物流选择的影响因素

在选择农产品物流方式时，需要考虑以下的因素。

1．农产品特性

不同种类的农产品具有不同的特性，对物流条件的要求也不同，如生鲜产品需要低温保鲜运输，干货对防潮防霉有较高要求。因此，在选择物流方式时需要充分考虑农产品的特性。

2．运输距离和时效

农产品的运输距离和时效要求直接影响物流方式的选择，距离远、时效性要求高的农产品，需要选择速度快、效率高的物流方式，如航空运输或快递服务。

3．物流成本

物流成本是农产品电子商务运营中的重要考虑因素。在选择物流方式时，需要权衡各种方式的成本效益，选择既经济又高效的物流方式。

4．客户服务需求

客户对物流服务的期望也是影响物流选择的重要因素。例如，客户对送货时间、送货地点及退换货政策等方面的要求，都需要在物流选择时予以考虑。

四、农产品物流选择的策略建议

基于上述的分析，农产品电子商务运营者可以参考以下的建议进行物流选择。

1．多元化物流策略

根据农产品的种类、数量和运输要求，结合企业自身的实际情况，采用多元化物流策略。例如，对于需求稳定的农产品，可以采用自营物流或长期合作的第三方物流；对于批量小、临时性的农产品需求，可以采用众包物流或快递服务。

2．强化信息技术应用

利用现代信息技术手段提高物流管理的智能化水平。通过建立物流信息平台，实现订单处理、库存管理、运输跟踪等功能的自动化和智能化，提高物流效率和客户满意度。

3．建立紧密的供应链合作关系

与供应商、生产商、销售商等建立紧密的合作关系，共同优化供应链管理流程。通过信息共享、协同计划等方式，降低库存水平和运输成本，提高整体运营效率。

4．关注政策法规变化

农产品物流涉及多项政策法规，如食品安全法、交通运输法等。农产品电子商务运营者需要密切关注相关政策和法规的变化，及时调整物流策略。

农产品物流选择是农产品电子商务运营中的关键环节之一。本任务从农产品物流的重要性、主要方式、影响因素及策略建议等方面进行了分析并提出相应的建议。农产品电子商务运营者需要持续关注市场动态，不断优化和创新物流选择策略，实现更好的运营效果。

案例链接

案例一 “电子商务+联配联送”

蒙阴县依托电子商务和农村物流的快速发展，实现了“快快合作”“邮快合作”“交快合作”的“联配联送”，打造了一张“电子商务+联配联送”的农村物流服务品牌，将快递企业化零为整，大幅降低快递成本。

坚持规划引领。为加快物流业和电子商务发展，蒙阴县出台了一系列政策文件，整合商务、交通、果业等相关资源，扶持引导物流、电子商务融合发展。

大力发展电子商务。制定关于“电子商务兴县”的一系列政策文件，统筹推进电子商务发展。

完善三级物流体系基础设施。按照“多站合一、资源共享”的模式，完善“3+N”物流配送网络，即整合县、乡、村三级物流站场设施，在城区设立了多个“快宝驿站”。

案例二 “城乡驿站+邮政快递”

湖南攸县打造“城乡驿站+邮政快递”农村物流服务品牌，高效整合电子商务、邮政、快递、供销社等资源，以物流园区为核心、城乡驿站为节点，农村物流服务网络覆盖大部分村庄，实现“串联式配送一日达”。

强化政策扶持。出台政策措施，积极培育和发展具有较强竞争力的物流企业，提升农村物流运营管理水平，鼓励企业搭建以农村物流为核心的多元服务平台，助力农村物流发展。

健全组织协调机制。建立由县级政府统一领导，多部门共同参与的农村物流工作领导小组，发挥政府在促进农村物流发展中的主体作用。

统筹规划物流节点。交通、农业、商务、供销等部门加速推进“资源整合”和“多规合一”，统筹规划建设物流节点布局，形成了“县有物流中心、乡有农村物流服务站、村有农村物流服务点”的农村物流发展格局。

“农村物流+电子商务扶贫”。依托城乡驿站，打造了“物流+电子商务”扶贫项目。以城乡驿站为载体，通过统一培训、设置专职农产品销售人员等方式，服务贫困地区农产品外销，并制订“一村一品”推广培育策略，带动农产品线上销售 10 万件、销售产值达 2 亿元，为农民创造增收 1 000 万元。

任务 3 农产品仓储服务认知

农产品仓储服务是农产品电子商务运营中不可或缺的环节，涉及农产品的储存、保管、配送等多个方面，直接影响农产品的品质保持、成本控制及客户满意度。在农产品电子商务快速发展的背景下，如何提供高效、安全、经济的仓储服务，已成为农产品电子商务运营者需要解决的重要问题。本任务将对农产品仓储服务的相关知识进行深入探讨，为农产品电子商务运营者提供参考和指导。

一、农产品仓储服务的重要性

农产品仓储服务在农产品电子商务运营中扮演着至关重要的角色。仓储服务能够确保农产品的质量和安全。农产品具有易腐、易损等特点，通过科学的仓储管理，可以有效地控制温度、湿度等环境要素，延长农产品的保鲜期，减少损耗和浪费。仓储服务有助于实现农产品的规模化经营和集中配送。通过建立现代化的仓储设施，可以将分散的农产品集中起来，进行统一管理和配送，提高物流效率，降低运营成本。快速、准确的仓储服务可以确保农产品及时送达客户手中，满足客户的购物需求，提升客户的购物体验。农产品仓储如图 5-8 所示。

图 5-8 农产品仓储

二、农产品仓储服务的主要类型

根据农产品的特性和运营需求，农产品仓储服务的主要类型，如表 5-1 所示。

表 5-1 农产品仓储服务的主要类型

仓储类型	储存物品	特点
常温仓储（见图 5-9）	适用于对温度要求低的农产品，如干货、粮食等	设施简单，成本较低，需要注意防潮、防霉等问题
冷藏仓储（见图 5-10）	适用于需要低温保存的农产品，如水果、蔬菜、肉类等	需要配备专业的制冷设备和温控系统，以确保农产品在适宜的低温环境中保存
冷冻仓储（见图 5-11）	适用于需要长时间冷冻保存的农产品，如海鲜、速冻食品等	需要更低的温度和更严格的温控管理，以确保农产品在冷冻状态下保持品质
气调仓储（见图 5-12）	适用于对保鲜要求较高的农产品，如水果、奶制品类	通过调节仓储环境中的气体成分和比例，延长农产品的保鲜期

图 5-9　常温仓储

图 5-10　冷藏仓储

图 5-11　冷冻仓储

图 5-12　气调仓储

三、农产品仓储服务的关键因素

在提供农产品仓储服务时，需要考虑以下 4 个关键因素。

1．仓储设施

建立现代化的仓储设施是提供高质量仓储服务的基础。仓储设施应具备良好的通风、温控、防潮、防霉等功能，同时还需要考虑货物装卸、搬运等过程的便利性。

2．仓储管理

科学的仓储管理是确保农产品质量和安全的关键因素。建立完善的入库、出库、盘点等管理制度，能够确保农产品的数量、质量等信息准确无误。同时，还需要加强对仓储环境的监控和管理，及时发现并处理潜在问题。

3．物流配送

仓储服务与物流配送紧密相连。在提供仓储服务时，需要考虑如何将农产品快速、准确地配送到客户手中。这需要与专业的物流公司合作或建立自己的配送体系，确保农产品能够及时送达。

4．成本控制

仓储服务成本是农产品电子商务运营成本的重要组成部分，需要在保证农产品质量和安全的前提下，通过优化仓储设施、提高仓储管理效率等措施降低仓储成本。

四、农产品仓储服务的策略建议

基于上述的分析，农产品电子商务运营者可以参考以下的建议进行仓储服务。

1．多元化仓储服务策略

根据农产品的种类和特性，提供多种类型的仓储服务。例如，对于易腐的农产品，可以采用冷藏或冷冻仓储；对于干货、粮食等农产品，可以采用常温仓储等。

2．强化信息技术应用

利用现代信息技术手段提高仓储管理的智能化水平。通过建立仓储管理信息系统，实现农产品的入库、出库、库存管理等功能的自动化和智能化，提高管理效率和准确性。

3．建立紧密的供应链合作关系

通过与供应商、生产商等建立紧密的合作关系，共同优化供应链管理流程。利用信息共享、协同计划等方式，降低库存水平和运营成本，提高整体运营效率。

4．关注政策法规变化

农产品仓储服务涉及多项政策和法规，如食品安全法、消防法等。农产品电子商务运营者需要密切关注相关政策和法规的变化，及时调整仓储服务策略。

农产品仓储服务是农产品电子商务运营中的重要环节之一。本任务从农产品仓储服务的重要性、主要类型、关键因素及策略建议等方面进行了深入探讨并提出了相应的建议。随着农产品电子商务市场的不断发展和消费者需求的不断变化，农产品仓储服务将面临新的挑战和机遇。因此，农产品电子商务运营者需要持续关注市场动态，不断优化和创新仓储服务策略。

案例链接

案例一　“田间冷库”助力乡村产业蓬勃发展

清晨，在江西省全南县的有机蔬菜种植基地，农户们正在收割鲜嫩的韭菜。收割完成后，很快就运到种植基地旁边的冷库内进行预冷、分拣、包装。当天下午便通过冷链车辆运送到深圳等城市进行销售。

全南县某农业公司田间管理员说：“没有冷库的时候，农户种植的蔬菜保质期短，销售范围有限。在冷运技术的加持之下，通过专业的低温化处理，能够延长保鲜期，扩大销售范围。”

案例二　实现“常年卖葡萄”的目标

辽宁省北镇市“葡萄之乡”通过完善冷库建设，使葡萄的保鲜期显著延长，实现了“常年卖葡萄”的目标。依托于冷库建设，葡萄的保鲜期最长可达7个月，为果农曹印梅提供了充裕的时间进行葡萄的加工分选和标准化包装，也为农产品电子商务平台销售奠定了坚实基础。

曹印梅表示：“这款葡萄为小品种，采用真空包装技术，每串葡萄均经过吸潮纸包裹后，再套上网套，进行真空处理。得益于冷库建设，我们现已能够全年销售葡萄。”

项目小结

本项目详细分析了农产品物流的特点，提供了多种物流渠道建立策略，为农产品电子商务运营者提供了帮助。

在农产品物流领域中，由于农产品的特殊属性，使得物流渠道的建立尤为重要。物流渠道能够影响农产品的流通效率、服务品质和消费者的购物体验。因此，在农产品电子商务运营过程中，必须高度重视物流渠道的选择、建立和管理。

本项目介绍了农产品物流渠道的基本概念，包括其定义、功能，以及与传统物流渠道的区别。在此基础上，进一步分析了农产品物流渠道的类型，如自营物流、第三方物流、物流联盟等，以及各种类型的优缺点和适用场景，为农产品电子商务运营者提供了多样化的物流渠道选择。

本项目还阐述了农产品物流渠道建立的关键因素。首先是物流网络的规划，包括运输工具的选择、配送路线的优化等方面，这是确保农产品能够快速、准确送达消费者的基础。其次是物流技术的运用，如冷链物流、智能仓储、物联网技术等，这些先进技术的应用能够显著提升农产品的物流效率及品质保障。最后，农产品物流渠道建立还需要考虑成本控制和服务质量提升之间的平衡，确保物流渠道的经济性和可持续性。

针对农产品物流渠道建立过程中的挑战，本项目也提出了相应的建议策略。例如，针对农产品易腐、易损等特点，可以加强包装技术和保鲜技术的研究与应用，减少物流损耗，提升农产品的品质。

综上所述，本项目为农产品电子商务运营者提供了全面的物流渠道建设指导和实践参考。通过深入理解和应用本项目的知识点和策略建议，农产品电子商务企业可以更加有效地构建和管理自己的物流渠道，为农产品的在线销售和品牌建设提供有力支撑。

课后案例

案例一　绿色物流，助力可持续发展

背景

在农产品电子商务领域快速发展的背景下，物流环节成为影响农产品流通效率和消费者体验的关键因素。某农产品电子商务平台积极推进绿色物流理念，通过优化物流渠道减少环境污染，助力可持续发展。

思政元素

环保意识：该电子商务平台注重环保意识的培养，将绿色物流理念贯穿于农产品流通的各个环节，通过采用环保包装材料、提高物流效率等措施，减少物流过程中的环境污染和资源浪费。

社会责任：该电子商务平台积极履行社会责任，关注农产品流通对环境的影响，积极与物流合作伙伴共同推动绿色物流的实施，为保护生态环境贡献力量。

可持续发展：通过推进绿色物流，该电子商务平台促进了农产品流通领域的可持续发展，为农产品电子商务领域的健康发展树立了榜样。

教育意义

这个案例让我们深刻认识到环保意识和社会责任在农产品物流渠道建立中的重要性。通过实施绿色物流，可以推动农产品流通领域的可持续发展，保护生态环境。同时，这个案例也鼓励我们在未来的农产品电子商务实践中积极倡导绿色理念，履行社会责任，为行业的健康发展贡献力量。

案例二　协同物流，提升农产品流通效率

背景

农产品具有季节性和区域性的特点，物流渠道的建立对于保障农产品及时、新鲜地送达消费者手中至关重要。某农产品电子商务平台通过构建协同物流体系，整合各方资源，提升了农产品的流通效率。

思政元素

资源整合：该电子商务平台充分发挥自身优势，整合仓储、运输、配送等环节的各方资源，实现资源共享和优势互补。

协同效率：通过构建协同物流体系，该电子商务平台提高了农产品流通效率，实现物流信息的实时共享和更新，确保农产品能够在最佳状态下快速送达消费者手中。

共赢发展：电子商务平台、物流公司、农产品生产基地等合作伙伴在协同合作中实现了互利共赢，共同推动了农产品电子商务行业的繁荣发展。

教育意义

这个案例向我们展示了资源整合和协同效率在农产品物流渠道建立中的重要性。通过构建协同物流体系，可以整合各方资源，提升农产品流通效率，实现共赢发展。同时，这个案例也鼓励我们在未来的农产品电子商务实践中，积极探索协同合作模式，推动行业的繁荣发展。

巩固提高

一、单项选择题

1．在农产品电子商务运营中，（　　）不是农产品包装运输的基本原则。

A．保护性原则　　B．经济性原则

C．环保性原则　　D．快速性原则

2．关于农产品成长阶段的供应链策略，说法错误的是（　　）。

A．由投入阶段的小批量采购转变为大批量采购

B．尽量维持投入阶段的弹性库存

C．采用批量大、成本低的运输方式

D．改善产品品质、增加产品品种

3．在出入库管理中，农产品出库必须出具的出库凭证是（　　）。

A．领料单　　B．入库单

C．调拨单　　D．运输单

4．在农产品电子商务运营中，（　　）不是优化农产品包装设计时需要考虑的因素。

A．采用保鲜技术如真空包装或气调包装

B．选择合适的运输方式以确保农产品质量

C．考虑消费者的使用体验和便利性

D．实现农产品的快速、准确配送

二、多项选择题

1．涉农企业在制订农产品采购计划时，需要考虑的因素包括（　　）。

A．市场供求情况　　B．计划采购农产品的特性

C．消费者消费需求变化规律　　D．采购成本

2．下列贮藏方式可用于水产品的是（　　）。

A．冷海水贮藏　　B．气调贮藏

C．常规贮藏　　D．冻结贮藏

3．农产品入库是农产品进入仓库时所进行的（　　）等工作的总称。

A．清点　　B．卸货

C．办理入库手续　　D．验收

三、判断题

1．在制订采购计划前需要提前确定农产品的采购数量及采购次数。（　　）

2．农产品从一个仓库调到另一个仓库被称为移库。（　　）

3．农产品仓储服务在电子商务运营中，不能有效延长农产品的保鲜期。（　　）

4．农产品电子商务企业在选择供应商时，需要了解清楚供应商类型、供应商资质、农产品的规格、农产品的价格等信息。（　　）

四、简答题

1．农产品物流渠道建立的主要考虑因素有哪些？

2．在农产品物流渠道建立过程中，如何确保农产品的质量？

3．如何借助现代信息技术优化农产品物流渠道？请举例说明。

4．农产品物流渠道建立后，应如何对其进行持续的评估与改进？

考核评价模块

一、考核评价目标

本模块的考核评价目标旨在评估学生在农产品电子商务物流渠道建立方面的能力，包括物流渠道选择、物流成本控制、物流效率提升及物流服务质量保障等方面的实践操作能力。

二、考核评价标准

（一）物流渠道选择合理性

学生能否根据农产品特性、目标市场及运营成本等因素，合理选择物流渠道？

物流渠道是否具备可靠性和稳定性，能否满足客户需求？

（二）物流成本控制能力

学生在物流过程中能否有效控制成本，如运输、仓储、包装等费用？

是否有合理的成本控制策略和优化措施？

（三）物流效率提升情况

学生能否通过优化物流流程、引入先进技术等手段提升物流效率？

物流时效是否达到客户预期，有无延误情况？

（四）物流服务质量保障

学生能否确保农产品在物流过程中的质量和安全？

对物流问题是否有及时、有效的解决方案，能否提供满意的客户服务？

三、考核评价方法

案例分析：提供农产品物流渠道建立的案例，要求学生进行分析并提出自己的见解和改进建议。

模拟实操：设置模拟环境，要求学生完成农产品物流渠道的选择、成本控制、效率提升等实际操作，观察其表现。

数据分析：要求学生收集并分析农产品物流相关数据，如运输时效、成本构成等，以评估物流运营情况。

教师评价与学生互评：结合教师对学生的观察和评价，以及学生之间的互评，形成全面、客观的考核结果。

四、考核评价结果反馈

分数与等级评定：根据考核评价标准，给出具体的分数和等级，让学生清楚自己在农产品物流渠道建立方面的表现。

优缺点分析：详细列出学生在物流渠道建立过程中的优点和不足，帮助其认识到自己的优势和需要改进的地方。

改进建议：针对学生的不足之处，提供具体可行的改进建议，如加强物流成本控制能力、优化物流流程等。

案例分享：鼓励学生分享自己在农产品物流渠道建立中的案例和经验，促进同学间的交流和学习。

后续跟进计划：根据学生的表现，制订个性化的后续跟进计划，如定期参加物流知识培训、参与物流项目实践等，确保其持续改进和成长。同时，对于表现优异的学生，可以给予额外奖励和激励措施。

项目六

农产品社交媒体营销

项目导读

社交媒体营销是农产品电子商务运营中的一种高效率、互动性强的推广方式。在数字化时代，社交媒体平台汇聚了大量用户，为农产品营销提供了广阔的空间和无限可能。

本项目将深入探讨农产品如何利用社交媒体平台进行有效营销，包括平台选择、内容策划、用户互动、数据分析及营销策略优化等方面。选择适合农产品特点和目标受众的社交媒体平台至关重要，不同的平台有着不同的用户群体和传播特性，在选择前需要对平台进行分析。内容策划是社交媒体营销的核心，要求营销内容既要有吸引力，又要能够准确传达农产品的价值和特点。同时，与用户的互动也不容忽视，它不仅可以提升用户黏性和品牌忠诚度，还能通过用户反馈及时调整营销策略。此外，数据分析在农产品社交媒体营销中同样扮演着重要角色，通过对用户行为、内容效果等数据的分析，可以更加精准地洞察用户需求，优化营销策略。

综上所述，农产品社交媒体营销是一项系统性、策略性的工作，需要农产品电子商务运营者具备创新思维、数据驱动和用户导向的营销理念，通过不断学习和实践，掌握社交媒体营销的技巧和方法，为农产品电子商务的发展注入新的活力。

学习目标

知识目标

1. 掌握社交媒体营销的基本概念、特点及其在农产品电子商务运营中的应用价值。
2. 了解社交媒体平台的种类及其用户特征，包括微博、微信、抖音等主流社交媒体平台。
3. 熟悉农产品社交媒体营销的策略和方法，如内容营销、口碑营销、社群营销等。
4. 学习农产品社交媒体广告的投放技巧和管理方法，了解提高广告效果的方法。

5. 掌握农产品社交媒体营销的数据分析工具和方法，能够进行营销效果评估。

能力目标

1. 能够独立制订和执行农产品社交媒体营销计划，包括目标设定、策略制定、内容创作、广告投放等内容。

2. 能够熟练运用各种社交媒体平台和工具，进行农产品品牌宣传和推广。

3. 具备农产品社交媒体营销数据分析的能力，能够根据数据反馈调整和优化营销策略。

4. 能够处理农产品社交媒体营销中出现的危机和负面舆情，维护品牌形象。

素质目标

1. 培养创新思维和市场敏感性，探索创新农产品社交媒体营销模式。

2. 培养团队合作精神和沟通能力，与团队成员共同推进农产品社交媒体营销。

3. 具备强烈的学习意愿和自主学习能力，不断更新农产品社交媒体营销的知识和技能。

4. 培养耐心和毅力，面对农产品社交媒体营销中的挑战和困难时能够保持积极的心态。

引导案例

通过微信公众号推广茶文化

案例背景

一家专注于高品质茶叶的品牌，正面临着市场同质化竞争严重，消费者难以区分茶叶品质的问题。

策略

该品牌在微信公众号上开设“茶文化”专栏，定期发布关于茶叶的历史、品鉴方法、冲泡技巧等内容，并配以精美的图文和视频。同时，品牌还通过微信社群，组织线上茶艺交流活动，邀请茶叶爱好者共同参与。

结果

微信公众号的内容吸引了大量对茶文化感兴趣的读者，提升了品牌的知名度和美誉度。线上茶艺交流活动不仅增强了用户黏性，还促进了茶叶产品的销售。

案例启示

社交媒体营销为农产品品牌提供了多样化的营销渠道和创新的营销方式。通过精准的内容定位、与目标受众的紧密互动，农产品品牌能够有效提升品牌知名度、增强消费者信任并促进销售增长。

知识讲堂

任务1 农产品社交媒体营销认知

农产品电子商务的发展，不仅为消费者提供了更加便捷、多样的购物选择，也为农产品电子商务运营者开辟了全新的销售渠道。在农产品电子商务运营中，社交媒体营销作为一种新兴的营销方式，正以其独特的优势改变着传统农产品营销的格局。

社交媒体营销是指利用社交媒体平台（如微信、微博、抖音等）进行品牌推广、产品营销和客户服务等活动。在农产品领域中，社交媒体营销具有互动性、精准性、内容丰富和成本较低等特点，能够帮助农产品的生产者和经营者更好地连接消费者，提升品牌知名度和销售额。

一、农产品社交媒体营销的定义与特点

（一）定义

农产品社交媒体营销是指利用社交媒体平台进行农产品推广和销售的一种营销方式。通过社交媒体平台，农产品的生产者和经营者可以与消费者建立直接联系，及时了解消费者的需求和反馈，进而优化产品和服务。同时，社交媒体平台也为消费者提供了一个直接了解和购买农产品的渠道，使消费者能够随时分享购物体验，促进互动交流。

（二）特点

1．互动性

社交媒体营销强调与消费者的实时互动，通过评论、点赞、分享等方式，消费者可以直接参与到营销活动中，与品牌形成紧密的联系。这种互动性有助于增强消费者的归属感和忠诚度。

2．精准性

基于大数据和算法技术，社交媒体平台可以对用户进行精准画像，实现精准营销。农产品电子商务运营者可以根据消费者的兴趣、需求和行为习惯等因素，制定更加有针对性的营销策略，提高营销效果。

3．成本较低

相比传统营销方式，如电视广告、报纸广告等，社交媒体营销的成本较低。农产品电子商务运营者可以通过社交媒体平台免费发布信息，直接与消费者进行互动，降低营销成本。

4．内容丰富

社交媒体营销可以运用文字、图片、视频等多种形式展示农产品，吸引消费者的关注。

同时，通过发布农产品的种植、加工等过程，可以让消费者更加了解产品的生产过程，提高消费者的认知度。

二、农产品社交媒体营销策略

（一）定位策略

在进行农产品社交媒体营销时，需要明确目标市场和消费群体。通过市场调研和数据分析，了解消费者的需求、购买习惯和兴趣爱好等信息，进而确定目标市场和消费群体。针对不同的目标市场和消费群体，可以制定不同的营销策略，如针对年轻人群体可以运用时尚、有趣的元素进行营销；针对中老年人群体可以强调农产品健康、绿色的属性。产品定位如图 6-1 所示。

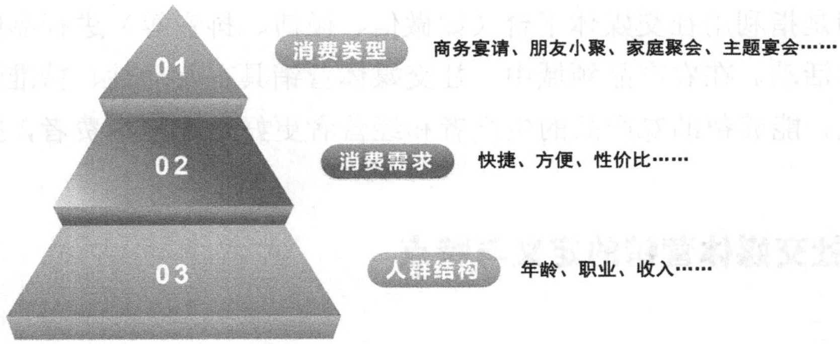

图 6-1　产品定位

（二）内容策略

内容是社交媒体营销的核心。在制定内容策略时，需要注重内容的创意性和实用性，结合农产品的特点和消费者的需求，打造有吸引力的内容。例如，可以发布农产品种植、加工等过程，让消费者了解产品的生产过程；也可以分享农产品的食用方法、营养价值等知识，提高消费者的认知度。此外，还需要注重内容的更新频率和质量，保持与消费者的持续互动。

（三）互动策略

互动是社交媒体营销的重要环节。农产品电子商务运营者需要积极与消费者互动，及时回应消费者的评论和问题，增强消费者的归属感和忠诚度。通过运用社交媒体平台的互动功能，如抽奖、投票等，激发消费者的参与热情。此外，还需要关注消费者的反馈和建议，及时调整产品和服务，提升消费者满意度。

（四）整合策略

整合策略是指将社交媒体营销与其他营销方式相结合，形成全方位的营销体系。例如，可以将线上活动与线下实体店相结合，为消费者提供更多的购买方式；也可以将社交媒体营销与传统媒体广告相结合，提高品牌知名度和影响力。通过整合各种营销资源，实现优势互补，提升整体营销效果。

三、农产品社交媒体营销实践应用

在农产品电子商务运营中，社交媒体营销的实践应用主要表现在品牌推广、产品展示、互动交流及客户服务等方面。这些实践环节相互关联，共同构成了农产品社交媒体营销的核心体系。

品牌推广是农产品社交媒体营销的重要任务之一。农产品电子商务运营者通过社交媒体平台发布品牌故事、农产品文化等内容，塑造品牌形象，吸引用户的关注，提升品牌知名度和美誉度。

农产品具有季节性、地域性等特点，如何将这些特点有效地传达给消费者，是农产品电子商务运营中的重要课题。通过社交媒体平台，农产品电子商务运营者可以实时更新产品信息，展示农产品的生长环境、种植过程、产品特性等内容，让消费者更加直观地了解农产品。这种透明的产品展示方式有助于增强消费者的信任感，激发其购买欲望。

社交媒体平台为农产品电子商务运营者提供了便捷的互动交流渠道，使其能够及时获取消费者的反馈和建议，通过举办问答互动、投票评选等活动，激发消费者的参与热情，增强消费者对品牌的归属感和忠诚度。同时，积极回应消费者的评论和问题，及时提供专业的解答和优质的服务，有助于提升消费者对品牌的满意度和信任度。

通过社交媒体平台，农产品电子商务运营者可以建立完善的客户服务体系，包括售前咨询、售中服务及售后服务等内容，深入了解消费者的需求和偏好，为消费者提供更加个性化、定制化的产品和服务。

在实践应用中，农产品社交媒体营销已经取得了较好的成效。许多农产品品牌和企业通过社交媒体营销成功地拓展了销售渠道、提升了品牌知名度、增强了消费者忠诚度。一些农产品品牌在社交媒体平台上开设了官方店铺，通过直播带货、短视频营销等方式，吸引了大量消费者关注和购买。

农产品社交媒体营销在农产品电子商务运营中发挥的作用越来越重要。通过有效的品牌推广、产品展示、互动交流及客户服务等实践应用，农产品电子商务运营者能够更好地连接消费者、了解消费者需求、优化产品和服务、提升品牌竞争力。在未来的发展中，随着社交媒体技术的不断创新和升级，以及消费者对购物体验的不断追求，农产品社交媒体营销将迎来更加广阔的发展空间和机遇。

四、农产品社交媒体营销的挑战与对策

（一）挑战

虽然农产品社交媒体营销具有诸多优势，但在实际应用中也面临着一些挑战，如内容同质化、夸大宣传、消费者隐私保护等问题。这些问题不仅影响了社交媒体营销的效果，也损害了消费者的利益和品牌的形象。

（二）对策

针对上述的挑战，可以采取以下对策：一是加强内容创新和质量把控，避免内容同质化；二是加强监管和自律，禁止夸大、虚假宣传误导消费者；三是加强对消费者的隐私保护和数据安全管理，保障消费者的合法权益。同时，积极探索创新的营销方式，如利用大数据和人工智能技术，优化营销策略，提高营销效果。

通过对农产品社交媒体营销的分析，我们可以看到其独特的优势和巨大的潜力。未来随着社交媒体技术的不断创新和发展，以及消费者对购物体验的不断追求，农产品社交媒体营销将迎来更加广阔的发展空间。同时，我们也应看到农产品社交媒体营销面临的挑战和问题，需要我们积极探索和创新，为促进农产品社交媒体营销健康、可持续的发展而努力。

案例链接

案例一 "农产品+社群"

社群是什么？就是有相同标签、相同兴趣、相同爱好、相同需求属性的人自发或者有组织的群体。例如，樱桃爱好者、素食爱好者、苹果爱好者等。

"优食管家"是一个基于社群销售食材的"C2B+O2O"直供平台，是以妈妈群体、减肥群体、家庭主妇等群体组成的社群，并定期给这些群体提供农产品。目前，"优食管家"的社群已经发展到 5 300 多个，推动着相关农产品的销售发展。

案例二 "农产品+网络达人直播+电子商务平台"的营销模式

随着互联网技术的发展，网络营销成为推动农产品销售的有效手段之一。通过网络达人的影响力与电子商务平台相结合，不仅可以提高农产品的品牌知名度，还能够拓宽销售渠道，增加销量。例如，淘宝平台邀请了一位知名网络达人进行直播活动，她向观众介绍了某品牌的蜂蜜柠檬片和枣夹核桃两款农产品，分享了产品的外观、口感及个人食用体验。这场直播吸引了约 12 万人次观看，枣夹核桃的销量突破了 2 万件，蜂蜜柠檬片也售出了超过 4 千件。

通过精心策划的营销活动、网络达人的参与及电子商务平台的支持，可以有效地促进农产品的销售，帮助农民增收，同时也为消费者提供更多的优质选择，体现了互联网时代农业发展的新趋势。

任务 2 农产品社交媒体内容制作与发布

在农产品电子商务运营中，社交媒体内容制作与发布是关键的一个环节。优质的内容能够吸引用户的关注，提升农产品的品牌形象，进而促进销售。因此，掌握农产品社交媒体内容的制作与发布技巧，对于农产品电子商务运营者来说至关重要。本任务将深入探讨农产品社交媒体内容的制作与发布策略，旨在帮助运营者提升内容营销的能力。

一、农产品社交媒体内容制作的重要性

社交媒体平台是农产品展示与推广的重要窗口，而内容则是这个窗口的灵魂。精心制作的农产品社交媒体内容，能够吸引用户的关注，激发用户的购买兴趣。同时，优质的内容还能够提升农产品的品牌形象，树立农产品的品牌口碑，为农产品的长期发展奠定基础。农产品手机平台如图 6-2 所示。

图 6-2 农产品手机平台

二、农产品社交媒体内容制作的要点

1．明确目标受众

在制作农产品社交媒体内容前，要明确目标受众，不同的受众群体对于内容的需求和偏好也有所不同。因此，农产品电子商务运营者需要根据目标受众的特点，制作符合其需求的内容。

2．突出农产品特点

农产品具有绿色、健康、新鲜等特点和优势。在制作内容时，农产品电子商务运营者需要充分挖掘并突出这些特点，让用户对农产品产生深刻的印象。

3．创意与创新

社交媒体平台上的内容竞争十分激烈，想要脱颖而出，就需要在创意与创新上下功夫。农产品电子商务运营者可以采用多样化的形式展示农产品，如图文结合、短视频、直播等。

4．注重情感共鸣

在制作内容时，农产品电子商务运营者可以注入情感元素，讲述农产品的故事，传递农产品的价值，让用户产生情感上的共鸣。

5．保证内容质量

无论是文字、图片还是视频，都需要保证内容的质量。清晰、美观、专业的内容能够提升用户的阅读体验，增加用户的黏性。

三、农产品社交媒体内容发布的策略

1．定期发布

定期发布内容，有助于保持用户的关注度。农产品电子商务运营者可以根据农产品的季节性特点和市场需求，制订合理的发布计划，确保内容的持续输出。

2．选择合适的发布时间

发布时间的选择对于内容的传播效果有着重要影响。农产品电子商务运营者可以根据目标受众的活跃时间和社交媒体平台的流量高峰时段，选择合适的发布时间，提高内容的曝光率。

3．利用标签和话题

合理利用标签和话题，能够增加内容的可见性和传播范围。农产品电子商务运营者可以选择与农产品相关的热门标签和话题进行关联，提高内容的关注度。

4．互动与回应

在发布内容后，农产品电子商务运营者需要积极与用户进行互动，对于用户的评论和问题，要及时回复和处理，增强用户的参与感和归属感。

农产品社交媒体宣传，如图 6-3 所示。

图 6-3　农产品社交媒体宣传

四、农产品社交媒体内容制作与发布的注意事项

1．遵守法律法规

农产品电子商务运营者在制作和发布内容时，必须遵守国家相关的法律法规和社交媒体平台的规则，确保内容的合法性和合规性。

2．保护知识产权

必须尊重他人的知识产权，避免抄袭和侵权行为的发生，对于引用的内容，要注明出处和来源。

3．注重数据分析

农产品电子商务运营者需要定期对发布的内容进行数据分析，了解用户的反馈和需求，及时调整内容策略、优化发布效果。

4．持续学习与提升

社交媒体平台和用户的行为习惯都在不断变化中，农产品电子商务运营者需要持续学习和提升农产品社交媒体内容制作与发布的能力，适应市场的变化和用户的需求。

通过掌握社交媒体内容制作的要点和发布的策略，可以有效提升农产品在社交媒体平台上的影响力和竞争力。未来随着社交媒体平台的不断发展和创新，农产品社交媒体内容制作与发布将面临更多的机遇和挑战。因此，农产品电子商务运营者需要保持敏锐的市场洞察力和创新能力，不断学习和提升自己在社交媒体内容营销方面的专业素养和实践能力。

案例链接

案例一 “农产品+微博营销”的传播模式

微博营销的出现，依赖于网络技术的发展，伴随其影响力的逐渐扩大，现如今农产品也可以通过微博营销的途径，实现品牌与消费者之间的直接沟通。正是基于微博具有互动性的特点，农产品微博营销产生的各种话题也能够紧紧抓住消费者的关注点，给农产品带来了较高的人气、社会关注度及到店访问率，直接提高了农产品的销售量。

在生活中，使用微博营销的农产品案例比比皆是，如“微博营销大米”“微博卖瓜”等。当前农产品的微博营销传播模式包括口碑营销、情感营销、互动营销、个性化营销等。

口碑营销是指在互联网品牌营销的过程中，通过网络用户和潜在消费者口口相传，将相关的产品信息在用户之间传播的一种网络营销传播方式。口碑营销主要分为三种形式：经验性口碑、继发性口碑、有意识口碑。其中，经验性口碑是最为常见的，也是最有力的形式，消费者在消费过程中对于某种产品或服务产生的直接体验，往往最具说服力。

情感营销从消费者的个人情感需求出发，在产品文化建设、产品营销过程中加入更多的情感因素，从而激发消费者的情感共鸣。如“帮买助农”官方微博账号，通过情感营销的方式，帮助农户解决农产品滞销的问题。该微博账号以文章的形式介绍滞销农产品的具体情况，以引起消费者的共鸣，进而促进滞销农产品的销售。

互动营销是企业与消费者通过共同的利益点，寻找巧妙沟通的时机和方法将双方紧密结合起来实现互助推广、产品营销的营销方式，具有互动性、舆论性、热点性、营销性等特点。在实际操作过程中，互动营销更多的是借助网络营销公司来促进产品销售。

个性化营销又称定制化营销，是指企业将对消费者的关注、个性特点及需求纳入产品和服务中，通过了解市场动向和消费者的真实需求，提供相应的产品和服务满足消费者的个性化需求。当前我国的农产品市场发展正处于钱货两清的阶段，整个农产品市场信息化体系不够完善，信息的传播速度较慢、相关的服务水平较低、发布信息形式较单一，造成农产品信息滞后的现象。微博作为新的网络传播平台，可以深入分析消费者的来访记录、留言信息、个性需求等内容，进而有针对性地进行农产品营销，以实现个性化、精准化的营销。

案例二　“短视频+直播”丰富农技推广渠道，提升农技传播效率

刘天英有着三十多年的农技传播经验，是“世界蔬菜之乡”山东省寿光市的农技员，也是远近闻名的大棚蔬菜种植农技专家，经常有其他省市的农技学习小组远道而来向她请教技术，最多的时候刘天英一天要接待六七拨学习团。

为了能在更短的时间内扩大农技的传播范围，刘天英尝试参加电视和广播节目，但有些需要在产地讲解的技术问题仍然无法很好地呈现。在朋友的建议下，刘天英开设了抖音账号，专门在田间地头拍摄讲解蔬菜种植新技术的短视频，很快就积累了10万“粉丝”。在刘天英的抖音交流群里，除了山东本地，来自河南、江苏、安徽等农业大省的“粉丝”也很多，而且很大一部分都是返乡创业的中小农户。

对于做农技传播的思路，刘天英表示：“现在随着农技发展，消费者对农产品多样化、绿色化的要求高了起来。我们发现这种趋势后，现在推广农技都会向绿色化、标准化的要求靠拢，如种植过程中遵守农药的安全间隔期，不为了追求单次的产量使用损害土壤品质的肥料。”

任务3　农产品社交媒体营销活动执行

在农产品电子商务运营中，社交媒体营销活动的执行是确保营销策略得以落地、营销目标得以实现的关键环节。有效的社交媒体营销活动执行，不仅能够提升农产品的品牌知名度和影响力，还能够直接促进农产品的销售，实现商业价值。本任务将详细阐述农产品社交媒体营销活动的执行流程、关键要点及可能遇到的问题和应对策略，帮助农产品电子商务运营者更好地理解和实施社交媒体营销。

一、农产品社交媒体营销活动执行流程

1．明确营销目标

在执行社交媒体营销活动前，先要明确营销目标，包括提升品牌知名度、促进产品销售、增加用户互动等内容。明确的目标有助于制定更具针对性的营销策略和活动方案。

2．制定活动方案

根据营销目标制定具体的社交媒体营销活动方案。活动方案应包括活动主题、时间、平台、内容、互动方式等要素。同时，还需要考虑活动的预算和资源需求，确保活动的可行性和效果。

3．准备活动素材

根据活动方案准备相应的活动素材，包括文案、图片、视频等，用于在社交媒体平台上

的发布和推广。素材的制作应符合社交媒体平台的规则和用户的审美习惯，以吸引用户的关注和参与。

4．发布与推广

在活动开始前，农产品电子商务运营者按照预定的时间表和计划，在社交媒体平台上发布活动信息，并积极进行推广。发布的内容应具有吸引力和引导性，能够激发用户的兴趣和参与意愿。同时，还需要利用社交媒体平台的传播优势，通过分享、转发等方式扩大活动的影响力。

5．监控与调整

在活动进行过程中，农产品电子商务运营者需要实时监控活动的进展和效果。通过数据分析工具了解用户的参与、互动等情况，以便及时发现问题并进行调整。同时，还需要关注用户的反馈和意见，及时优化活动方案，提升用户体验。

6．总结与评估

活动结束后，农产品电子商务运营者需要对活动进行总结与评估。总结活动的成功经验和不足之处，为未来的社交媒体营销活动提供参考和借鉴。评估活动的效果和收益，以衡量营销投入的回报率和价值。

农产品社交媒体营销活动流程，如图 6-4 所示。

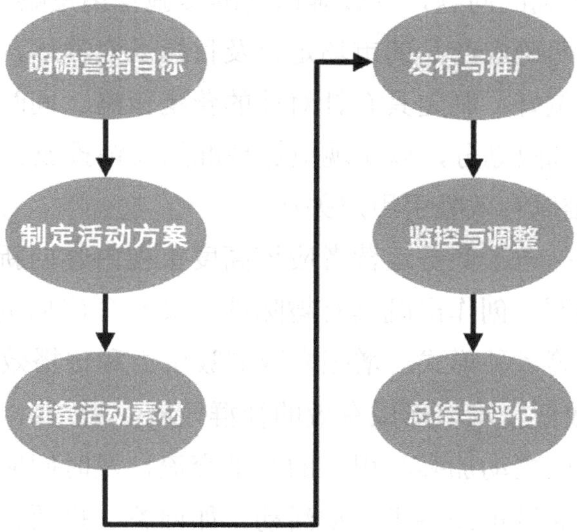

图 6-4　农产品社交媒体营销活动流程

二、农产品社交媒体营销活动执行的关键要点

1．选择合适的社交媒体平台

不同的社交媒体平台具有不同的用户群体和传播特点。在执行农产品社交媒体营销活动时，农产品电子商务运营者需要选择与农产品目标受众相匹配的社交媒体平台，以确保活动的效果。

2. 制定有吸引力的活动主题和内容

活动主题和内容是吸引用户参与的关键因素。在制定活动主题和内容时，农产品电子商务运营者需要结合农产品的特点和用户需求，设计具有吸引力和创意的主题及内容，激发用户的兴趣和参与意愿。

3. 加强用户互动与参与

社交媒体营销活动的成功离不开用户的互动和参与。在执行活动时，农产品电子商务运营者需要设置多样化的互动方式和参与机制，鼓励用户积极参与并分享活动信息，扩大活动的影响力和传播范围。

4. 合理利用数据分析工具

数据分析工具是评估和优化社交媒体营销活动的重要工具。通过合理利用数据分析工具，农产品电子商务运营者可以实时了解活动的进展和效果，发现潜在问题和优化方向，提升活动的效果和用户体验。

三、农产品社交媒体营销活动执行中可能遇到的问题及应对策略

在农产品社交媒体营销活动中，我们可能会遇到很多难题，以下是一些常见的问题及应对策略。

1. 面临目标市场不明确的问题，导致难以精准实施营销策略

面对这一问题，先要明确农产品的市场定位及目标受众群体，通过深入的市场调研，准确把握目标受众的需求与偏好，制定具有针对性的营销策略。同时，利用社交媒体平台的数据分析工具，对受众进行细致划分，以实现更加精准的营销投放。

2. 内容创意匮乏，难以有效吸引用户关注

面对这一问题，农产品电子商务运营者应该高度重视内容创新，深入挖掘农产品的独特卖点，并结合时下热点话题，创作出既具有趣味性，又富含信息量的内容。此外，还应该积极采用图片、视频、直播等多种形式，增强内容的吸引力和传播效果。

3. 用户互动参与度较低，难以形成有效的社群效应

面对这一问题，企业应主动加强与用户的互动交流，及时回应用户的评论与私信，建立良好的沟通关系。同时，通过策划各类互动活动，如问答、投票、挑战赛等，激发用户的参与热情。利用社群管理工具对用户群体进行有效管理，形成稳定且活跃的社群氛围。

4. 营销预算有限，难以扩大营销活动的规模与影响力

在有限的预算下，企业应该合理分配营销资源，优先选择性价比较高的社交媒体平台进行投放。同时，充分利用社交媒体的免费资源，如个人主页、社群等，开展高效的营销活动。此外，通过口碑传播和用户推荐等方式，吸引更多潜在用户的关注与参与。

5. 数据监测与分析能力不足，难以准确评估营销效果

面对这一问题，企业应该建立科学完善的数据监测与分析体系，密切关注曝光量、单击

率、转化率等关键指标的变化情况。利用数据分析工具对数据进行深入挖掘与分析，根据数据分析结果及时调整营销策略与方向，优化营销效果与投入产出比。

6. 应对负面舆情的能力不足，难以有效维护品牌形象

面对这一问题，企业应该建立健全危机公关机制与负面舆情应对预案，以便在出现紧急情况时能够迅速响应并妥善处理。此外，还应该加强品牌宣传与推广力度，提升品牌知名度与美誉度，构建更加坚实的品牌形象。

7. 物流与售后服务体系不完善，难以保障用户购物体验

面对这一问题，企业应该积极与可靠的物流合作伙伴建立长期稳定的合作关系，确保农产品的配送效率与品质。同时，需要建立完善的售后服务体系为用户提供优质的售后服务与解决方案。此外，还应该加强用户反馈的收集与处理工作，及时改进产品与服务质量，提升用户满意度与忠诚度。

综上所述，针对这些问题农产品企业需制定全面细致的营销策略与应对方案，不断加强团队建设与培训，提升营销能力与服务水平，确保社交媒体营销活动的顺利开展。

案例链接

案例一　农产品新媒体营销模式的探索

拓展农产品的销售渠道。农产品新媒体营销可以突破传统市场的地理限制，借助社交媒体、电子商务网站、短视频平台等渠道销售农产品，使农产品广泛触及每一位消费者，有效提升农产品的可达性和市场影响力。

实现农产品个性化营销。农产品新媒体营销可以通过追踪消费者在网络平台上的互动、评价及购买行为，精准识别消费者对农产品的兴趣点。针对不同地区消费者的偏好制定个性化的营销方案，提升消费者的满意度和忠诚度。

与消费者进行实时互动。农产品新媒体营销既可以通过实时弹幕、在线评论等方式为农产品与消费者之间搭建起沟通的桥梁，也可通过在线社群、网络论坛等营销模式增强消费者对农产品品牌的黏性。

探索以旅带农特色营销模式。各地政府可以通过建设乡村旅游小镇、农产品主题公园等方式宣传当地特色旅游，发展农产品营销的“新引擎”。

创建特色品牌宣传门户网站。近年来，“三只松鼠”“德州扒鸡”等特色农产品品牌不断涌现，但由于缺乏系统化的宣传手段，导致农产品宣传效果不佳、影响力不足。对此，当地政府应借助新媒体技术创建特色农产品品牌宣传门户网站，利用新媒体的营销优势积极参与农产品营销和推广工作。

增强品牌存在感。在社交媒体、在线广告等其他数字化渠道上增强品牌存在感，发布产品特点、价值主张和情感故事等农产品信息吸引潜在消费者。积极与消费者互动，建立紧密联系，提供个性化购买建议。

优化服务体系。搭建专门的电子商务网站或应用程序，并在其中设计专门的产品目录、支付选项、物流方案等，优化消费者的购物体验。通过各类促销、秒杀和优惠活动，提升消费者对农产品的忠诚度。

案例二 利用微信、微博营销推广农产品

（一）微信营销

1. 充分利用微信的各种功能

微信有庞大的用户群体，商家可以通过微信平台的不同功能进行营销，如微信公众号、微信个人号、微信群、微信视频号等，让用户快速了解所售的农产品，从而实现微信互动营销方式。

2. 正确运营微信公众号

微信上的联系人大多是同事、朋友、亲人、客户等，运营者在营销推广时要把自己当成目标用户，抛开"销售"的想法，向用户推送广告的同时，尽可能地调动用户的活跃度，创造和用户沟通的话题。

3. 注重微信社群的管理

微信中有各种社群，每个社群适合发的内容也不一样，所以在利用微信社群营销推广时，不同的社群要用不同的管理模式，这样才能创造更好的价值。

（二）微博营销

1. 充分增强互动

因为微博的互动性强，很多热点话题都是从微博传开的，所以要适时地通过微博和用户展开互动。例如，发布一些产品知识、开展话题讨论等相关活动，增强与用户的有效互动。

2. 注意微博的内容

在营销推广的过程中，不要一味地"销售"，可以结合农产品的特点、相关性信息等内容进行宣传，便于被用户接受。

3. 正确发布内容

并不是所有的农产品都适合在微博上进行营销，所以在用微博营销农产品前，先要摸清农产品自身的特点和微博平台的特点，确定潜在的客户量，以便达到最佳的营销效果。

任务4 农产品社交媒体营销活动效果跟踪与反馈

在农产品电子商务运营中，社交媒体营销活动的效果跟踪与反馈是确保营销效果最大化、最优化的关键因素。通过对社交媒体营销活动的数据进行深入分析，农产品电子商务运营者可以了解活动的实施效果、用户反馈及潜在问题，为今后的农产品营销活动提供有力支持。本任务将详细探讨农产品社交媒体营销活动效果跟踪与反馈的重要性、实施方法及营销

策略等内容。

一、农产品社交媒体营销活动效果跟踪与反馈的重要性

1．了解活动效果

通过跟踪社交媒体营销活动的数据，农产品电子商务运营者可以直观地了解活动的曝光率、参与度、转化率等指标，从而判断活动是否达到预期效果。

2．优化活动策略

根据用户反馈和数据分析结果，农产品电子商务运营者可以及时发现活动中的问题，并有针对性地调整策略，提高活动的效果和用户体验。

3．指导未来营销

通过对以往活动的数据分析和总结，农产品电子商务运营者可以积累宝贵的营销经验，为未来的农产品社交媒体营销活动提供指导。

二、农产品社交媒体营销活动效果跟踪的实施方法

1．确定跟踪指标

农产品电子商务运营者可以根据营销活动的目标，确定需要跟踪的关键指标，如曝光率、点击率、评论数量、转发数量、销售额等。

2．选择合适的跟踪工具

农产品电子商务运营者可以利用专业的社交媒体分析工具或平台自带的数据统计功能，对活动数据进行实时跟踪和记录。

3．定期整理和分析数据

农产品电子商务运营者需要将收集到的数据进行整理和分析，通过图表、报告等形式直观地展示活动效果，便于运营者进行决策。

三、农产品社交媒体营销活动用户反馈的收集与处理

1．设置反馈渠道

农产品电子商务运营者可以通过在社交媒体平台上设置专门的反馈渠道，如留言板、调查问卷等，鼓励用户发表对活动的意见和建议。

2．关注用户评论

农产品电子商务运营者需要密切关注用户在活动相关信息下的评论和反馈，及时了解用户的想法和需求。

3．处理负面反馈

对于用户的负面反馈，农产品电子商务运营者需要积极回应并妥善处理，化解用户的不满情绪，维护品牌形象。

4．总结用户反馈

农产品电子商务运营者需要定期整理和分析用户的反馈意见，提炼出有价值的信息，为未来的农产品社交媒体营销活动提供参考。

四、利用反馈数据优化农产品社交媒体营销策略

1．调整活动内容

农产品电子商务运营者需要根据用户的反馈和数据分析结果，对活动内容进行优化和调整，提高活动的吸引力和参与度。

2．优化推广策略

农产品电子商务运营者需要分析用户来源和渠道效果，调整推广策略，提高活动的曝光率和覆盖面。

3．提升用户体验

农产品电子商务运营者需要针对用户在活动中遇到的问题和困难，优化活动流程和设计，提升用户体验和满意度。

4．探索创新营销方式

农产品电子商务运营者需要结合农产品特点和用户需求，探索新的社交媒体营销方式，如短视频营销、直播营销等，为农产品电子商务运营注入新的活力。

农产品社交媒体营销活动效果跟踪与反馈是确保营销效果最优化的重要环节。通过实施有效的跟踪方法和收集用户反馈，运营者可以了解活动的实施效果和用户需求，为未来的农产品社交媒体营销活动提供有力支持。随着社交媒体平台的不断发展和创新，以及农产品市场的竞争日益激烈，农产品社交媒体营销活动将面临更多的挑战和机遇。因此，农产品电子商务运营者需要保持敏锐的市场洞察力和创新能力，不断学习和提升自己在社交媒体营销方面的专业素养和实践能力，以应对市场的变化和用户的需求，实现农产品的品牌价值和市场价值。同时，也需要关注新技术、新平台的发展趋势，积极探索和创新社交媒体营销方式，为农产品电子商务的发展注入新的活力和动力。

案例链接

案例一　“三只松鼠”商业思维的成功之道

“三只松鼠”作为社交媒体营销的成功案例，成了一个中国休闲食品品牌崛起的典范。

通过深度挖掘用户需求、创新产品定位、强调品牌故事等商业思维，“三只松鼠”成功地在社交媒体上打造了一个独特的品牌形象，并取得了令人瞩目的市场成绩。

“三只松鼠”通过社交媒体渠道与用户互动，深度挖掘用户需求。他们积极倾听用户的意见和建议，通过与用户的互动了解用户的偏好和需求，有针对性地进行产品的研发和改进。同时，通过社交媒体平台收集用户的反馈和市场的趋势，及时调整营销策略，满足用户不断

变化的需求。

“三只松鼠”不断创新产品定位与宣传方式，拓展用户群体。他们在产品线的设计和定位上充分考虑不同用户的需求，提供多元化的产品选择，满足不同人群的口味和健康需求。通过社交媒体平台的推广活动，“三只松鼠”将新产品的特点和优势传递给用户，引导用户对新产品进行试用。

“三只松鼠”强调品牌形象与品牌故事的传递，着重突出品牌的年轻、时尚、健康形象，通过社交媒体平台传递品牌的故事和核心价值观。

案例二　数字化营销，不止于“卖货”

趋势一：

在消费者端，线上渗透率进一步加深，社交、内容对品牌和销售的驱动力进一步加强。三、四线城市消费崛起，线上渗透率持续加深。根据麦肯锡发布的《2020年中国消费者报告》显示，中国18～35岁的年轻人在总人口中所占比例约为25%，但贡献了约60%的消费增长。其中，三、四线城市中富裕家庭及宽裕小康家庭的占比在过去10年增长了38%，已与2013年一、二线城市中同级家庭的占比持平。三、四线城市年轻消费者的网购比例与一线城市年轻消费者基本持平。

消费者浏览社交类、内容类产品的时间增长，浏览行为进一步碎片化。中国消费者每人日均上网总时长约为358分钟，其中浏览社交类应用（如微信、微博、抖音等）和内容类应用（如在线视频、新闻资讯等）的时间占上网总时长的三分之二。在移动互联网时代，用户每小时会切换36次应用，这意味着用户几乎每两分钟就会切换一次应用，浏览行为呈进一步碎片化趋势。

综上所述，我们认为品牌方要抓住消费群体趋势，在传统的品牌建设上，更高效地结合社交媒体，在碎片化的触点上抓住消费者的兴趣。

趋势二：

在品牌端，社交媒体营销得益于可量化投资产出的优势，已逐渐升级为品牌方不可或缺的营销工具。随着传统品牌逐渐转向“争夺线上份额”，越来越多的品牌通过社交媒体营销实现了线上业务增长。以国内某知名运动服饰品牌为例，过去该品牌的销售基本依靠传统线下零售，而近年来随着品牌深耕线上市场，其在天猫平台的销售额占比已逐年上升至6%～9%，品牌在享受线上流量带来的业务增长之时，也计划继续扩大在效果营销方面的投入。以天猫平台为例，该品牌计划增投2%的营销费用助力品牌在线上的持续增长。

趋势三：

在产业技术端，随着信息技术逐渐成熟，“营销技术”这一名词也逐渐步入了人们的视野。信息技术正在改变品牌从产品研发到媒体分发的全链路。

推荐算法日益成熟，推动数字化广告分发趋于精准。基于标签的千人千面算法，极大地提升了媒体展现形式的灵活性和精准性。建立完善的标签体系和反馈机制，对内容分发而言尤为关键。这些底层技术的成熟，也为实现效果营销乃至“品效合一”奠定了重要基础。

闭环分析消费者行为的工具得到升级，为全链路“品效合一”优化提供支持。过去，品牌方在完成一项营销活动后，只能根据同比、环比的销量和获客等数据判断活动的成功与否。如今，用户在线上的各类转化行为都能通过埋点等技术手段来追踪，用户转化的漏斗透明化，并最终量化为广告投资回报率，使得品牌方能够基于闭环的投放数据判断投放效果，及时调整投放逻辑。

项目小结

本项目深入分析了农产品在电子商务领域中利用社交媒体平台进行有效营销的策略和技巧。随着社交媒体平台的迅猛发展，农产品电子商务正面临着前所未有的机遇与挑战。本项目不仅详细解读了农产品社交媒体营销的核心概念，还结合丰富的案例，为农产品电子商务运营者提供了一套全面、实用的社交媒体营销指南。

在农产品社交媒体营销中，先要选择适合的社交媒体平台。不同的社交媒体平台有不同的用户群体和传播特点，农产品电子商务运营者应根据自身的产品特性和目标受众，精准选择适合的社交媒体平台进行营销。例如，对于年轻人群体，微博、抖音等平台可能更具吸引力；对于中老年人群，微信、今日头条等平台可能更为合适。

社交媒体营销的核心在于内容，优质、有趣、有价值的内容能够吸引用户的关注和转发。农产品电子商务运营者应结合自身的产品特点和品牌故事，创作出能够引起消费者情感共鸣的营销内容。例如，普及农产品的种植过程、加工工艺、食用方法等方面的知识。

在社交媒体营销中，与用户的互动也是重要因素。农产品电子商务运营者应积极回应用户的评论和反馈，与用户建立良好的互动关系。这不仅可以增强用户的归属感和忠诚度，还可以通过用户的口碑传播，吸引更多的潜在消费者。同时，农产品电子商务运营者还可以通过举办线上活动、发起话题讨论等方式，激发用户的参与热情，提升品牌的曝光度和影响力。

此外，农产品社交媒体营销还需要注重数据分析与优化。通过深入分析社交媒体平台的数据，农产品电子商务运营者可以了解用户的兴趣偏好、消费习惯等信息，从而更加精准地制定营销策略。同时，数据分析还可以帮助农产品电子商务运营者评估营销效果，及时调整策略，实现营销效果的最优化。

农产品社交媒体营销并非一蹴而就的过程，它需要农产品电子商务运营者具备持续学习和创新精神，紧跟社交媒体平台的发展变化，不断优化营销策略。同时，农产品电子商务运营者还需要注重团队建设和人才培养，打造一支具备专业素养和创新能力的社交媒体营销团队。

综上所述，本项目为农产品电子商务运营者提供了一套全面、系统的社交媒体营销解决方案。通过深入理解和应用本项目的知识点和策略建议，农产品电子商务运营者可以更加有效地利用社交媒体平台进行品牌推广和产品销售，实现农产品电子商务运营的快速发展。

课后案例

案例一　社交媒体助力乡村振兴，展现新时代农民风采

背景

在乡村振兴的发展中，农产品电子商务运营成为推动农村经济发展的重要力量。某乡村的农产品通过社交媒体进行精准营销，打开了市场，扩大了知名度，增强了品牌影响力，带动了当地农民的增收致富。

思政元素

新时代农民形象：通过社交媒体平台，新时代的农民展现出有文化、懂技术、善经营、会管理的新形象，能够利用社交媒体学习新知识、掌握新技能，成为乡村振兴的骨干力量。

乡村振兴战略：该案例体现了国家对乡村振兴战略的重视和支持，通过社交媒体的营销，农产品得以走出大山、走向全国，为乡村经济发展注入了新活力。

文化自信：在社交媒体营销中，当地农民深入挖掘和传承乡村文化，将农产品与文化相结合，提升了产品的附加值和竞争力。

教育意义

通过这一案例，我们可以深刻感受到新时代农民的风采和乡村振兴战略的伟大意义。同时，我们也能认识到社交媒体在农产品营销中的重要作用，激发了我们利用新媒体技术服务乡村振兴的热情和信心。

案例二　社交媒体传递正能量，构建和谐社会

背景

某农产品电子商务企业在社交媒体平台上积极传递正能量，通过分享农产品背后的故事、农民的辛勤劳动等内容，赢得了消费者的认可和好评。

思政元素

正能量传播：该企业在社交媒体上积极传播正能量，通过分享农产品背后的故事、农民的辛勤付出等内容，让消费者感受到农产品的价值和农民的辛劳。

诚信经营：在社交媒体营销中，该企业始终坚持诚信经营的原则，不夸大宣传、不虚假宣传，通过真实、客观的信息，赢得了消费者的信任和口碑。

社会责任感：该企业注重履行社会责任，通过社交媒体平台积极参与公益事业，积极帮助贫困地区销售农产品，助力脱贫攻坚和乡村振兴。

教育意义

这个案例向我们展示了社交媒体在传递正能量、构建和谐社会方面的重要作用。通过积极传播正能量、诚信经营和履行社会责任，农产品电子商务企业可以在激烈的市场竞争中脱

颖而出，赢得消费者的认可和支持。同时，这个案例也鼓励我们在未来的农产品电子商务实践中积极传递正能量、坚守诚信底线、履行社会责任，为构建和谐社会贡献力量。

巩固提高

一、单项选择题

1．农产品社交媒体营销的特点不包括（　　）。

A．互动性　　B．精准性

C．成本高　　D．内容丰富

2．销售的农产品必须符合农产品质量安全标准，生产者（　　）申请使用无公害农产品标志。农产品质量符合国家规定的有关优质农产品标准的，生产者（　　）申请使用相应的农产品质量标志。

A．应当；可以　　B．应当；应当

C．可以；可以　　D．可以；应当

3．在执行农产品社交媒体营销活动时，（　　）不是关键要点。

A．选择合适的社交媒体平台　　B．制定有吸引力的活动主题和内容

C．加强用户互动与参与　　D．忽略数据分析和优化

二、简答题

1．农产品社交媒体营销的主要特点是什么？

2．在农产品社交媒体营销中，如何选择合适的社交媒体平台？

3．在农产品社交媒体营销中，如何制定有效的内容策略？

4．农产品在进行社交媒体营销时，应如何与目标受众进行互动？

5．农产品社交媒体营销的效果如何评估？请举例说明评估指标。

考核评价模块

一、考核评价目标

本模块的考核评价目标旨在评估学生在农产品社交媒体营销方面的能力，包括社交媒体平台选择、内容创意与策划、用户互动与社群管理、营销效果评估等方面的实践操作能力。

二、考核评价标准

（一）社交媒体平台选择合理性

学生能否根据农产品特点和目标受众，合理选择社交媒体平台？

所选平台是否具有良好的用户基础和活跃度？

（二）内容创意与策划能力

学生能否创作高质量、有吸引力的社交媒体内容？

内容是否符合农产品的品牌形象和营销目标？

是否有明确的内容策划和发布计划？

（三）用户互动与社群管理能力

学生能否积极与用户互动，及时回应评论和问题？

是否能够有效管理社交媒体社群，营造良好的互动氛围？

是否能够通过互动和社群管理提升用户参与度和品牌忠诚度？

（四）营销效果评估能力

学生能否运用数据分析工具评估社交媒体营销效果？

是否能够根据评估结果调整营销策略和内容？

营销效果是否达到预期目标？

三、考核评价方法

实操演练：要求学生在指定的社交媒体平台上进行农产品营销实操，观察其平台选择、内容创意、用户互动等方面的表现。

案例分析：提供农产品社交媒体营销案例，要求学生进行分析并提出自己的见解和改进建议。

数据分析报告：要求学生提交社交媒体营销数据分析报告。

教师评价与学生互评：结合教师对学生的观察和评价，以及学生之间的互评，形成全面、客观的考核结果。

四、考核评价结果反馈

分数与等级评定：根据考核评价标准，给出具体的分数和等级，让学生清楚自己在农产品社交媒体营销方面的表现。

优缺点分析：详细列出学生在社交媒体营销过程中的优点和不足，帮助其认识到自己的长处和需要改进的地方。

改进建议：针对学生的不足之处，提供具体可行的改进建议，如加强内容创意策划、提升用户互动技巧等。

案例分享：鼓励学生分享自己在农产品社交媒体营销中的案例和经验，促进同学间的交流和学习。

后续跟进计划：根据学生的表现，制订个性化的后续跟进计划，如定期参加社交媒体营销培训、参与项目实践等，确保其持续改进和成长。对于表现优异的学生，可以给予额外奖励和激励措施，以资鼓励。

项目七 农产品直播营销

项目导读

近年来，农产品直播营销逐渐成了电子商务运营的新兴趋势，借助直播平台的技术优势和用户基础，为农产品的推广和销售带来了全新的机遇。

本项目将全面介绍农产品直播营销的概念、特点及操作流程，帮助农产品电子商务运营者深入了解并掌握这一创新的营销方式。在农产品直播营销中，关键要素包括直播预告与发布渠道、直播脚本类型与制作、直播监控与观众互动、直播营销活动效果跟踪与数据分析等。直播预告与发布渠道要紧密结合农产品的特点和目标受众需求，打造有吸引力、有趣味性、有知识性的直播宣传内容。直播脚本类型与制作要详细规划直播过程中的每一个环节，确保直播活动的顺利进行。通过有效运用直播监控与互动技巧，能够提升观众体验感，及时发现问题并作调整。直播营销活动效果跟踪与数据分析能够优化直播策略，提升营销效果。

通过本项目的学习，农产品电子商务运营者能够掌握直播营销的核心技能和策略，为农产品电子商务运营的发展注入全新动力。

学习目标

知识目标

1. 了解农产品直播的概念与特点、发展现状及趋势、作用与价值等内容。

2. 掌握农产品直播预告的重要性与制作要点、直播发布渠道的选择与运用。

3. 掌握农产品直播脚本的制作要点、直播监控与观众互动技巧、直播营销活动效果跟踪与数据分析等相关的知识。

能力目标

1. 能够独立策划和执行农产品直播营销活动，包括直播内容设计、场景布置、互动环节等。

2. 能够熟练运用各种直播平台和工具，进行农产品直播营销。

3. 能够与主播、供应商等各方有效协作，确保农产品直播营销的顺利进行。

4. 具备农产品直播营销数据分析的能力，能够根据数据反馈优化直播策略。

5. 能够处理农产品直播营销中的突发情况与问题，确保直播活动的顺利进行。

素质目标

1. 培养创新意识与市场洞察力，不断探索新的农产品直播营销模式和创意点。

2. 树立诚信经营的理念，注重农产品质量与口碑建设，维护品牌形象。

3. 培养团队合作精神与沟通能力，与团队成员共同推进农产品直播营销工作。

4. 具备强烈的学习意愿和自主学习能力，不断更新农产品直播营销的知识与技能。

5. 培养耐心、细心和责任心，能够以专业的态度对待农产品直播营销工作，确保每一场直播都能达到最佳效果。

引导案例

“乡野直播间”助力农产品上行

案例背景

随着网络技术的不断发展，直播营销逐渐成为一种新兴的电子商务运营模式，在农产品领域展现出巨大的市场潜力。与此同时，政府为推动农业现代化和乡村振兴战略的实施，颁布了一系列鼓励农产品电子商务运营发展的政策措施。

案例主体

在这一背景下，京东作为中国领先的电子商务平台之一，积极响应政策号召，推出了“乡野直播间”项目，旨在通过直播营销的方式助力农产品上行，拓宽销售渠道，提升农产品品牌价值。“乡野直播间”项目以京东平台为载体，邀请知名主播和农业专家深入田间地头，与农民面对面交流，向消费者直观展示农产品的种植、采摘、加工等全过程。通过直播的形式，消费者可以更加直接地了解农产品的品质和特色，增加购买的信心和兴趣。在直播过程中，主播们不仅介绍农产品的基本信息，还分享农产品的背后故事，如农民的辛勤劳动、传统农业文化的传承等，使消费者产生情感共鸣，增强对农产品的认同感和购买意愿。同时，京东平台还提供了一系列互动功能，如弹幕评论、点赞分享等，让消费者能够积极参与直播互动，形成良好的购买氛围。政府在农产品直播营销方面也给予了大力支持。通过颁布相关政策和提供资金支持，鼓励电子商务平台开展农产品直播营销活动，推动农产品电子商务运营的快速发展。这些政策不仅为京东等电子商务平台提供了良好的发展环境，也为农民和消费者带来了实实在在的利益。

在“乡野直播间”项目的推动下，越来越多的农产品得以走出大山、走向全国。同时，农民也获得了更多的销售渠道和增收机会，实现了与市场的有效对接。这一项目的成功实施不仅展示了直播营销在农产品电子商务运营中的巨大潜力，也为其他电子商务平台提供了有益的借鉴和参考。

案例启示

在未来的发展中，农产品电子商务运营者应继续紧跟时代步伐，积极运用新技术、新模式推动农产品电子商务的创新发展，为乡村振兴和农业现代化贡献力量。

知识讲堂

任务1 农产品直播认知

随着电子商务领域的迅猛发展，农产品直播作为一种新兴的营销方式，逐渐受到了广大消费者和农产品生产者的青睐。农产品直播不仅能够有效缩短农产品的流通环节，降低销售成本，还能够通过实时互动的方式，增强消费者的购买体验，提高农产品的品牌知名度和市场竞争力。因此，深入了解农产品直播的内涵、特点和发展趋势，对于推动农产品电子商务运营的健康发展具有重要意义。

一、农产品直播的概念与特点

（一）农产品直播的概念

农产品直播是指利用互联网直播平台，通过实时视频、音频等多媒体手段，展示农产品生产、加工、销售等环节，结合主播的讲解和互动，吸引消费者关注并购买农产品的一种新型电子商务模式。农产品直播将传统的农产品销售与现代化的直播技术相结合，为农产品打开了新的销售渠道和市场空间。农产品直播如图7-1所示。

图7-1 农产品直播

（二）农产品直播的特点

农产品直播具有以下的特点。

1．实时性

农产品直播能够实时展示农产品的生长、加工、销售等环节，让消费者亲眼见证农产品的质量和安全，增强消费者的信任感和购买意愿。

2．互动性

在农产品直播过程中，主播可以与消费者进行实时互动，解答消费者的疑问，提供个性化的购买建议，提升消费者的购买体验。

3．真实性

农产品直播通过实地拍摄和实时传输，能够真实反映农产品的生长环境和加工过程，能够有效避免虚假宣传和欺诈行为的发生。

4．便捷性

消费者可以通过手机、电脑等终端随时随地观看农产品直播，了解农产品的信息和价格，创造了便捷的在线购物环境。

二、农产品直播的发展现状与趋势

（一）农产品直播的发展现状

近年来，随着互联网技术的不断发展，农产品直播逐渐成为了一种新型的农产品销售模式，越来越多的农产品生产者和运营者开始尝试利用直播的方式推广和销售农产品。同时，政府也颁布了一系列政策措施，支持农产品直播的发展，推动农产品电子商务的转型升级。目前，农产品直播已经覆盖了水果、蔬菜、畜牧产品等多种类型，取得了显著的经济效益和社会效益。农产品直播布置如图 7-2 所示。

图 7-2 农产品直播布置

（二）农产品直播的发展趋势

1．多元化发展

未来农产品直播将朝着多元化的方向发展，不仅局限于传统的电子商务平台直播，还将拓展到社交媒体、短视频平台等多个领域。同时，农产品直播的内容也将更加丰富多样，涵盖种植、养殖、加工等多个环节。

2．品质化发展

随着消费者对农产品质量和安全要求的不断提高，农产品直播将更加注重品质化发展。生产者需要通过提升农产品质量、加强品牌建设等措施，提高农产品在直播市场中的竞争力。

3．智能化发展

随着人工智能、大数据等技术的不断应用和发展，农产品直播将实现更加智能化的发展。通过分析消费者的购买行为和喜好，为消费者提供更加精准的购买建议和个性化服务。

4．跨界合作发展

农产品生产者和运营者需要积极寻求与其他行业的跨界合作，如与旅游业、文化产业等，打造更具特色和吸引力的农产品直播内容，提升农产品的附加值和市场竞争力。

三、农产品直播在电子商务运营中的作用与价值

1．提升农产品品牌形象

通过农产品直播，生产者可以直接向消费者展示农产品的质量和特点，提升农产品在消费者心中的品牌形象。同时，借助主播的个人影响力，可以进一步扩大农产品的知名度。

2．拓宽农产品销售渠道

农产品直播作为一种新型电子商务运营模式，为农产品打开了新的销售渠道和市场空间。通过直播平台，农产品可以迅速触达各地的消费者，实现线上线下的有效融合。

3．降低农产品销售成本

传统的农产品销售模式需要经过复杂的中间环节，销售成本较高。而农产品直播可以直接连接生产者和消费者，减少中间环节和流通成本，提高农产品的价格优势和市场竞争力。

4．促进农产品产业升级

农产品直播的发展将推动农产品产业的升级和转型。为了适应直播市场的需求，生产者需要不断提升农产品的质量和安全，加强品牌建设和营销推广，实现产业的可持续发展。

农产品直播场景如图 7-3 所示。

图 7-3　农产品直播场景

四、农产品直播面临的挑战与对策

（一）面临的挑战

1．技术瓶颈

农产品直播需要稳定、先进的直播技术支持，但目前部分地区的网络条件和设备水平仍存在一定限制，影响了直播的质量和效果。

2．主播素质参差不齐

农产品直播需要专业、有经验的主播进行讲解和互动，但目前市场上主播的素质参差不齐，部分主播缺乏专业的农业知识和直播技巧，影响了直播的效果和消费者的购物体验。

3．监管不力

目前农产品直播市场仍处于快速发展的阶段，监管机制和法律法规尚不完善，存在夸大宣传、误导消费者等风险隐患。

（二）对策建议

1．加强技术支持和培训

政府和企业应加强对农产品直播的技术支持和培训力度，提升网络条件和设备水平，提高主播的专业素质。

2．完善监管机制和法律法规

政府应加强对农产品直播市场的监管力度，建立健全的监管机制和法律法规体系，规范市场秩序，保障消费者的合法权益。

3．推动产业升级和跨界合作

农产品生产者和运营者应积极推动产业升级和跨界合作，提升农产品的品质和附加值，打造更具特色的农产品直播内容和服务。

农产品直播作为一种新型电子商务运营模式，为农产品销售带来了新的机遇和挑战。深入了解农产品直播的内涵、特点和发展趋势，对于推动农产品电子商务运营的健康发展具有重要意义。未来，随着技术的不断进步和市场的不断拓展，农产品直播将迎来更加广阔的发展空间。

案例链接

直播助农模式

直播助农模式是乡村发展的主体行动者，通过网络直播平台的形式，帮助农民脱贫，完成产业升级的一种手段。目前的直播平台包括传统电子商务平台开辟的直播功能，如京东直播、淘宝直播、拼多多直播等，也包括社交媒体开辟的直播购物功能，如抖音、快手等。

直播助农模式通过直播和短视频的方式展现农村地貌、农民生活、农产品特点，为农户提供快速销售的渠道。直播助农模式被广泛接受的背后，还蕴藏着消费者作为购买方对农产品的价值认可。农产品的绿色、健康、原生态、有机等理念，表现到购买行为中，就是对农产品原生态概念的推崇。

任务2 农产品直播预告与发布渠道

在农产品电子商务运营中，直播预告与发布渠道的选择是直播营销活动成功与否的关键因素。通过有效的直播预告，能够提前吸引潜在消费者的注意，为直播活动积累人气。选择合适的发布渠道，能够确保直播内容精准触达目标受众，提高营销效果。本任务将探讨农产品直播预告的重要性与制作要点、直播发布渠道的选择与运用等内容。

一、农产品直播预告的重要性与制作要点

（一）重要性

直播预告作为直播活动的前奏，具有以下重要的作用：一是提前吸引消费者的关注，为直播活动造势；二是明确直播主题和内容，帮助消费者提前了解并做好观看准备；三是通过预告中的互动环节，激发消费者的参与热情，提高直播活动的互动性和趣味性。

（二）制作要点

1．明确预告目标

在制作直播预告时，先要明确预告的目标受众，并了解其需求和兴趣点，确保预告内容能够精准触达目标受众。

2．突出直播亮点

在预告中要突出直播活动的亮点和特色，如农产品品质、产地优势、价格优惠等信息，以吸引消费者的注意。

3．设计吸引人的标题和封面

标题和封面是消费者接触直播预告的第一印象，设计要简洁明了且富有吸引力，以提高预告的点击率和观看率。

4．制定互动策略

在预告中可以设置一些互动环节，如提问、投票等，激发消费者的参与热情，提高直播活动的互动性和趣味性。

直播预告如图7-4所示。

图 7-4　直播预告

二、农产品直播发布渠道的选择与运用

（一）农产品直播发布渠道的类型

1．电子商务平台直播频道

淘宝、京东等电子商务平台内置的直播频道，具有庞大的用户基础和成熟的电子商务生态系统，是农产品直播的首选渠道。

2．社交媒体平台

微信、抖音、快手等社交媒体平台，具有强大的社交属性和用户黏性，适合农产品直播的推广和传播。

3．农业垂直类平台

中国农村网、惠农网等农业垂直类平台，聚集了大量的农产品生产者和消费者，是农产品直播的专业化渠道。

（二）农产品直播发布渠道的选择依据

1．目标受众匹配度

农产品直播发布渠道应选择与目标受众匹配度高的渠道，确保直播内容能够精准触达目标受众。

2．渠道流量和活跃度

农产品直播发布渠道应选择流量大、用户活跃度高的渠道，便于提高直播的曝光率。

3．渠道合作政策

农产品电子商务运营者需要了解各渠道的合作政策和资源支持情况，选择有利于农产品直播发展的渠道进行合作。

（三）农产品直播发布渠道的运用策略

1．多渠道联动

农产品电子商务运营者需要同时利用多个渠道进行直播预告和发布，形成多渠道联动的效应，提高直播活动的曝光度和影响力。

2．定制化内容策略

农产品电子商务运营者需要针对不同渠道的用户特点和需求，设计定制化的直播内容策略，提高直播活动的针对性和吸引力。

3．数据分析与优化

农产品电子商务运营者需要定期对各渠道的直播效果进行数据分析，了解观众的行为特点和喜好，优化直播内容和发布策略。

三、农产品直播预告与发布渠道的案例分析

以某农产品电子商务平台的直播活动为例，该平台在直播预告阶段通过社交媒体平台、农业垂直类平台等多渠道发布预告信息，明确直播的主题、时间和亮点。在直播发布阶段，该平台选择了电子商务平台直播频道和社交媒体平台作为主要发布渠道，同时辅以农业垂直类平台进行推广。通过运用多渠道联动和定制化内容策略，该直播活动取得了显著的营销效果。

农产品直播预告与发布渠道的选择和运用对于农产品直播营销活动的成功与否具有决定性作用。通过选择合适的发布渠道发布精心制作的直播预告，能够提前吸引潜在消费者的关注，为直播活动积累人气。未来，随着农产品电子商务领域和新媒体平台的不断发展，农产品直播预告与发布渠道的选择和运用将面临更多的机遇和挑战。因此，农产品电子商务运营者需要保持敏锐的市场洞察力和创新能力，不断学习和提升自身的专业素养和实践能力。同时，需要关注新技术、新平台的发展趋势，积极探索和创新农产品直播预告与发布渠道的方式，更好地满足用户需求、提升用户体验、推动农产品销售和市场拓展，实现可持续发展。

案例链接

案例一　打造素人直播团队

小田是一名返乡创业的大学生，2020 年养殖业受到大环境的影响陷入低谷期。小田参加了县里组织的电子商务培训课程，开启了“短视频带货之路”，售卖的产品是羊肚菌和菌汤包，目前“粉丝”量达到了 400 多万。

小田所在的屏南县是国家级的传统古村落，大部分海拔在 800 米以上，工业基础与电子商务底子薄弱。此前，她们村落的菌菇产品都依靠收购商销售，经常面临压价的情况。她婆婆的一句“种得好不如卖得好”，让她产生了自己卖产品的想法，也是其学习电子商务带货的前因。后来，小田在抖音开了专营店，并帮助村里其他农户开拓线上渠道。

案例二　草莓种植户的“直播带货之旅”

在当今这个信息爆炸的时代，传统的销售模式已经不能完全满足消费者的需求，越来越多的消费者希望了解产品的来源、生产过程及是否符合健康安全标准。某地的草莓种植户张明正是抓住了这一市场趋势，通过直播平台将草莓从种植、采摘到销售的全过程展示给消费者，成功地提升了销量和品牌影响力。

张明的草莓园位于一个风景秀丽的乡村，这里远离工业污染，空气清新，土壤肥沃，非常适合草莓的生长。为了让更多人了解自己的草莓，张明决定尝试利用直播平台进行销售。他购置了专业的直播设备，在朋友的帮助下，开启了“直播带货之旅”。

在直播中，张明先是带领观众参观草莓园，详细介绍了草莓的种植环境，包括土壤的成分、水源的清洁度及施肥和病虫害防治的方法等内容。他强调，自己的草莓园采用有机种植，不使用任何化学肥料和农药，确保草莓的天然与健康。通过直播，观众可以看到草莓园里生机勃勃的景象，以及草莓植株上挂满鲜红果实的诱人画面。

接下来，张明展示了草莓的采摘过程。他挑选了几颗成熟的草莓，一边采摘一边讲解如何判断草莓是否成熟，以及采摘时需要注意的细节。他告诉观众，成熟的草莓色泽鲜艳，手感柔软，散发出浓郁的果香，通过直播，观众仿佛置身于现场，感受到了草莓的新鲜和美味。

在直播过程中，张明还与观众进行了实时互动。观众们提出了各种问题，如草莓的品种、保鲜方法、运输过程等。张明耐心地一一解答，甚至现场演示了如何正确储存草莓以延长保鲜期。他建议，草莓最好在采摘后尽快食用，若需要保存，应该放置于冰箱的保鲜层，避免水洗，用保鲜膜轻轻包裹即可。

直播的互动环节极大地增强了观众的参与感和购买意愿。许多观众在直播过程中后立即下单购买，还有一些观众表示，他们不仅自己购买，还打算将这些新鲜、无污染的草莓作为礼物赠予亲朋好友。

直播带货的成功使张明的草莓销量显著增长。他意识到，通过直播不仅能销售产品，还能建立品牌形象，培养忠诚的顾客群体。为了进一步扩大影响力，张明还与当地旅游部门合作，推出了草莓采摘体验活动，吸引了众多游客前来享受亲手采摘的乐趣。

张明的故事证明了利用现代科技手段结合传统农业的优势，可以有效拓展销售渠道，提升产品价值。直播带货不仅为消费者提供了透明、直观的购物体验，也为农产品种植户带来了新的发展机遇。随着越来越多的农户加入这种新型销售模式的行列，未来的农业市场将更加多元化且充满活力。

任务 3　农产品直播脚本类型与制作

在农产品电子商务运营中，直播脚本的设计与制作是确保直播活动顺利进行的关键。直播脚本不仅为主播提供了清晰的指导，还能够确保直播内容的连贯性和专业性。本任务将深入探讨农产品直播脚本的类型及其制作要点，为农产品直播活动的成功提供有力支持。

一、农产品直播脚本的重要性

农产品直播脚本是直播活动的蓝图，它详细规划了直播的每一个环节，包括开场、产品介绍、互动环节、促销策略、结束语等。一个完善的直播脚本能够确保直播活动的顺利进行，有效吸引并留住观众，提高农产品的曝光率和销售量。同时，直播脚本还能帮助主播更好地掌握直播节奏，提升直播效果。直播话术脚本，如表 7-1 所示。

表 7-1　直播话术脚本

流程	场景类型	话术内容
开场	欢迎“新人”	新粉朋友们打个“新”字，这是我给新粉朋友们安排的见面礼。
		今天主播要给你们送个超级大的福利！
	欢迎“老粉”	××宝贝你终于来了，马上有超级福利，这次别错过了哦！
产品介绍	引导领取福利	刚进来的朋友们左上角有福袋/优惠券领取一下哦！
	介绍优惠价格	在直播间的朋友们注意了，这个××，今天直播间的价格是××元，物超所值！心动的朋友们赶快下单吧！
	引导停留	新来的朋友们不要走开，3 分钟后我将安排礼物，给大家做福利！
		新来的朋友们注意噢！3 分钟后提醒我，继续安排惊喜福利！
促销策略	介绍赠品/秒杀等福利	再给朋友们送一波福利！现在下单的再送××！已下单的朋友们公屏打出“抢到”，客服那边给下单的朋友们备注“赠送”。朋友们赶快抢购吧！
		现在是××点，还有××分钟福利活动就要开始了！想要参与活动的朋友们，在公屏里给我打“想”字，人越多福利越大哦！

二、农产品直播脚本的类型

根据直播目的和内容，农产品直播脚本可以分为以下 4 种类型。

1．产品展示型脚本

产品展示型脚本主要围绕农产品的特点、优势、产地、价格等信息进行介绍，适用于新品发布、特色农产品推广等直播。

2．互动体验型脚本

互动体验型脚本注重观众的互动和参与，通过设置抽奖、问答等有趣的互动环节，激发观众的兴趣和购买欲望。

3．知识普及型脚本

知识普及型脚本以传授农业知识、烹饪技巧等内容为主题，结合农产品进行详细的介绍，提升观众对农产品的认知。

4．促销优惠型脚本

促销优惠型脚本重点介绍农产品的优惠活动、限时折扣等促销信息，促进消费者的购买行为。

三、农产品直播脚本的制作要点

1．明确直播目标和受众

在制作直播脚本前，先要明确直播的目标和受众群体，以便确定合适的脚本类型和风格。

2．梳理直播流程

根据直播目的和内容，梳理出清晰的直播流程，包括开场、主题介绍、产品展示、互动环节、促销策略、结束语等。

3．提炼产品卖点

针对要介绍的农产品，提炼出其独特的卖点和优势，如口感、营养价值、产地特色等，以便在直播中突出展示。

4．设计互动环节

根据脚本类型和受众特点，设计丰富的互动环节，提高观众的参与度。

5．编写详细台词

为主播编写详细、生动的台词，确保直播内容的准确性和吸引力。台词要注重口语化、亲切感，避免过于书面化。

6．制定应急措施

农产品电子商务运营者需要对可能出现的网络故障、产品问题等意外情况制定应急措施，确保直播活动的顺利进行。

农产品直播脚本的类型与制作是农产品电子商务运营中不可或缺的环节。通过设计和制作完善的直播脚本，可以确保直播活动的顺利进行和直播的信息有效传达，提高农产品的曝光率和销售量。随着农产品电子商务的不断发展和创新，直播脚本的类型和制作方式也将不断丰富和完善。未来，农产品直播脚本将更加注重个性化和定制化，以满足不同受众群体的需求和喜好。同时，随着人工智能、大数据等技术的应用和发展，农产品直播脚本的制作将实现更加智能化和自动化的发展趋势。

通过深入学习本任务知识点，并结合实际案例进行分析和借鉴，可以为农产品直播活动的顺利进行提供有力支持。在今后的发展中，农产品电子商务运营者需要不断关注新技术、新平台的发展趋势，积极探索和创新农产品直播脚本的制作方式和方法，为农产品电子商务运营注入新的活力和动力。

案例链接

案例一　东方甄选直播带货模式的特点

东方甄选作为一种创新型的直播带货模式，具有以下特点：一是利用新东方教育品牌和教师资源打造“文化直播”的形式；二是结合教育、娱乐、文化等多种元素提升用户体验和黏性；三是与供应商建立合作关系，保证产品质量和服务水平；四是响应国家政策，支持乡村振兴和农业现代化。

案例二　通过网络直播销售农产品的策略

1. 选择合适的农产品

在进行网络直播销售时，可以选择多种类型的农产品，包括地方特色农产品、稀有农产品等。推荐优先选择地方特色农产品，因为它们拥有独特的地域文化背景，能够更好地吸引消费者的注意。例如，五常大米、青岛苹果、安溪茶叶等，这些产品已经具备了一定的品牌影响力，能够更快地获得消费者的信任。

2. 构建品牌信任

选择有区域品牌或公共品牌的农产品尤为重要。这样的农产品通常更加安全可靠，能够增强消费者的购买信心。品牌不仅是质量的保证，也是文化的传递，有助于构建消费者心中的品牌形象。

3. 创新直播形式

网络直播的形式多样，可以是主播介绍产品，也可以是互动环节，甚至可以现场展示产品的采摘过程。这些网络直播形式的目的都是让观众更加深入地了解产品。

4. 加强消费者互动

在直播过程中，与消费者的互动非常重要。可以通过问答、抽奖等方式增加消费者的参与感，同时赠送小礼品也是加深消费者记忆的好方法。这种互动不仅能够让消费者感到被重视，还能够提高直播的活跃度和观看率。

5. 结合产品特性设定话题

直播的话题应围绕产品特性展开，如教授使用农产品制作简单美食的方法、介绍水果的营养价值及其对身体的益处等。通过提供实用信息，可以增加观众的兴趣和忠诚度。

6. 注重产品包装设计

良好的产品包装不仅能够保护产品，还能够提升其市场竞争力。在设计时应注重美观性、实用性及环保性的理念，使包装成为产品的一部分，为消费者带来额外的价值。

7. 完善售后服务

建立健全的配送网络，确保农产品及时、准确、完好无损地送达消费者手中。积极应对消费者的反馈，尤其是负面评价，要迅速解决问题，展现企业的责任感和服务态度。

通过以上策略，不仅可以提高网络直播的吸引力，还能有效促进农产品的销售，建立良好的品牌形象，为未来的发展打下坚实的基础。

任务 4 农产品直播监控与观众互动技巧认知

农产品直播作为电子商务运营中的新兴业态，以其直观性、互动性的特点受到消费者和电子商务运营者的青睐。在农产品直播过程中，有效地监控与观众互动是确保直播效果、提升用户体验的关键。本任务将深入探讨农产品直播监控的重要性、观众互动技巧的运用、实践策略等内容，提升农产品直播的转化率和用户满意度。

一、农产品直播监控的重要性

农产品直播监控是指对直播活动进行实时跟踪、评估和调整的过程，以确保直播效果达到预期目标。有效的监控可以帮助电子商务运营者及时发现问题、优化直播内容，从而提升观众的体验感。

农产品直播监控的重要性主要体现在以下的方面：一是通过实时监控观众数量、互动情况等数据，及时了解直播效果，为调整直播策略提供依据；二是确保直播内容的合规性，避免出现违规行为或不当言论；三是通过收集和分析观众的反馈，不断优化直播内容和形式，提升用户满意度。

二、农产品直播观众互动技巧的运用

在农产品直播过程中，与观众进行良好的互动是提升直播效果的关键。以下是一些实用的观众互动技巧。

1．提问互动

主播可以适时向观众提出问题，引导观众思考并参与讨论。这不仅可以活跃直播氛围，还能增强观众的参与感和归属感。

2．点赞、评论互动

鼓励观众通过点赞、评论等方式表达自己的观点和感受。主播可以对观众的评论进行回应和解答，增强与观众的互动和沟通。

3．抽奖、游戏互动

设置抽奖、游戏等环节，激发观众的兴趣和参与度。这种互动方式可以在短时间内吸引大量观众参与，提升直播的热度和影响力。

4．情感共鸣

主播可以通过分享自己的经历和农产品品牌的故事等方式与观众建立情感联系，引发观

众的情感共鸣。这种互动方式可以增强观众对主播的信任感和好感度，从而提升购买意愿。

三、农产品直播监控与观众互动的实践策略

为了更好地实施农产品直播监控与观众互动，可以参考以下的策略。

1．组建专业的直播团队

组建具备专业知识、熟悉直播流程的团队，负责直播活动的策划、执行和监控。团队成员应具备市场营销、数据分析、客户服务等方面的专业能力。

2．制订详细的直播计划

在直播前需要制订详细的计划，包括直播时间、内容、互动环节等流程的设计。计划应明确目标受众、产品特点和竞争优势，确保直播内容的针对性和吸引力。

3．实时监控与调整

在直播过程中，通过专业工具实时监控观众数量、互动情况等数据。根据数据变化及时调整直播策略，如增加互动环节、优化产品展示等。

4．及时响应观众反馈

关注观众的评论和反馈，及时解答疑问、处理投诉。对于观众的建议和意见，要认真倾听并作为改进直播内容的依据。

5．持续优化与提升

在直播结束后进行总结和分析，找出优点和不足。针对不足之处制定改进措施，并在下一次直播中加以实施，通过持续优化和提升，逐步提高农产品直播的效果和用户满意度。

农产品直播监控与观众互动是确保农产品直播效果的关键因素。通过有效运用监控和互动技巧，可以提升观众体验感，增强其购买意愿，从而实现农产品的销售目标和品牌推广。随着农产品电子商务的不断发展和创新，农产品直播监控与观众互动将面临更多的机遇和挑战。因此，电子商务运营者需要不断学习提升专业素养和实践能力，以适应市场的变化和用户的需求。同时，电子商务运营者也需要关注新技术、新平台的发展趋势，积极探索和创新农产品直播监控与观众互动的方式方法，为农产品电子商务运营注入新的活力和动力。

案例链接

案例一　农产品直播的技巧

农产品与其他产品不同，越接地气，越能够拉近与观众的距离，营造出利于销售的直播氛围。

在直播场所的选择上，农产品与其他类型的产品不一样，可以不用设置专门的直播室，如果蔬类可以直接在种植场、大棚里直播，让观众直观地看到种植环境、采摘现场，更加具有亲切感。

同时，还需要明确直播的流程。例如，1～10 分钟介绍产品的产地、功能、营养、口感等基本信息，10～30 分钟上链接销售，进行农产品的展示、回答观众的问题等，然后重复此过程。一般直播可以进行 2～4 小时。同时，中间可以穿插一些互动环节，吸引观众。例如，农作物是怎么种植的，需要注意什么问题；在生产农产品的过程中遇到过什么挫折，后来是怎么克服过去的；在介绍农产品产地的时候，提一提当地有趣的风俗等。利用自己的故事和文化或者农耕知识与观众互动，拉近和观众的距离。

直播卖货并不是卖完就结束了，产品销售出去以后，还要注重售后服务。特别是一些果蔬在运送的过程中很可能会出现损坏、烂掉的情况，对于这种情况可以选择给消费者补发或者是以赠送优惠券等形式进行补偿。

此外，直播结束后需要对直播的销售量、直播效果、直播中遇到的问题进行总结，避免再次出现，这样才能让直播效果越来越好。

案例二　打造农产品直播间的条件

由于农产品户外直播的效果较好，有条件的农产品生产者和运营者可以首选户外直播。不过户外直播容易受到环境、天气、网络等情况的影响。

室内直播场地的大小要根据直播的内容进行调整，大致控制在 8～20 平方米，个人主播场地标准为 8～15 平方米，团队直播场地标准为 20～40 平方米。直播前要提前测试场地的隔音和回音效果，如果隔音不好或者回音太重，都会影响直播的正常进行。

直播间设备至少要满足高清、平稳、低延迟这三个要求，才能在直播时呈现较完美的画面。最核心的设备应该是手机、支架和补光灯。

任务 5　农产品直播营销活动效果跟踪与数据分析

在农产品电子商务运营中，直播营销活动已成了一种重要的推广和销售手段。为了确保直播活动的有效性，对活动效果进行跟踪与数据分析至关重要。本任务将深入探讨农产品直播营销活动效果跟踪与数据分析的重要性、流程、评估指标及优化策略等内容，为农产品电子商务运营者提供有力的数据支持。

一、农产品直播营销活动效果跟踪的重要性

农产品直播营销活动效果跟踪是指对直播活动的观看人数、观众行为、销售情况等数据进行实时跟踪和记录，以便对活动效果进行评估。通过效果跟踪，农产品电子商务运营者可以及时了解直播活动的实际情况，发现问题并进行调整，从而提升活动效果。

效果跟踪的重要性主要体现在以下的方面：一是通过实时跟踪数据，及时了解观众对直播内容的反馈和购买意愿，为调整直播策略提供依据；二是帮助农产品电子商务运营者评估

不同直播策略的有效性，为今后的直播活动提供参考；三是通过对历史数据的分析，发现农产品直播营销活动的规律和趋势，为制定长期战略提供数据支持。

二、农产品直播营销活动数据分析的流程

农产品直播营销活动数据分析的流程包括数据采集、数据预处理、数据分析和结果解读4个主要步骤。

1．数据采集

数据采集是指收集直播活动相关的数据，包括观看人数、观众行为（如点赞、评论、分享等）、销售数据（如销售额、成交量等）。数据采集可以通过直播平台提供的数据统计工具或第三方数据分析工具完成。

2．数据预处理

数据预处理是指对收集的数据进行清洗、整理和格式化，以确保数据的准确性和一致性。数据预处理包括去除重复数据、处理缺失值、处理异常值等工作。

3．数据分析

数据分析是指运用统计学和数据挖掘技术对采集的数据进行分析的过程。常见的分析方法包括描述性统计、相关性分析、聚类分析、回归分析等。通过分析，可以发现数据之间的关联和规律，为评估直播活动的效果提供依据。

4．结果解读

根据数据分析结果，对直播活动的效果进行评估，并制定相应的策略。结果解读应结合实际情况，考虑数据的波动性和不确定性，以避免误导决策。

三、农产品直播营销活动效果评估指标

为了全面评估农产品直播营销活动的效果，可以从以下的方面构建评估指标体系。

1．观看指标

包括观看人数、观看时长、观看完成率等指标，用于衡量直播活动的吸引力和观众黏性。

2．互动指标

包括点赞次数、评论人数、分享数量、付费人数等指标，用于反映观众对直播内容的兴趣和参与度。

3．销售指标

包括销售额、成交量、客单价等指标，用于衡量直播活动对农产品销售的贡献。

4．用户增长指标

包括新增用户数量、用户留存率等指标，用于评估直播活动对农产品电子商务平台用户增长的影响。

直播数据如图7-5所示。

图 7-5　直播数据

四、农产品直播营销活动效果优化策略

根据数据分析结果，农产品电子商务运营者可以采取以下的策略优化直播营销活动的效果。

1．调整直播时间和频率

根据观众活跃时间和观看习惯，调整直播时间和频率，以提高观看人数和观看时长。

2．优化直播内容

根据观众反馈和数据分析结果，调整直播内容，增加观众感兴趣的话题和产品展示，提升互动指标。

3．改进销售策略

结合销售数据和用户行为分析，优化定价、促销和推荐策略，提高销售指标。

4．加强用户运营

通过个性化推荐、社群运营等方式，增强用户黏性，提高用户增长指标。

农产品直播营销活动效果跟踪与数据分析对于提升电子商务运营效果具有重要意义。通过对观看人数、观众行为和销售数据的实时跟踪和深入分析，农产品电子商务运营者可以及时发现直播活动中的问题并进行调整和优化。未来随着大数据和人工智能技术的不断发展应用，农产品直播营销活动的效果跟踪与数据分析将更加智能化和精准化，为农产品电子商务运营带来更多的价值。同时，农产品电子商务运营者需要不断学习提升专业素养和实践能力，以适应市场的变化和用户的需求。

案例链接

乡村振兴背景下农产品直播带货渠道整合分析

在新媒体技术发展下，利用大数据、观众画像等方式进行数据收集，对关注农产品的观众进行信息采集和分类，确定潜在观众，掌握观众需求，为其推荐适合的农产品直播间，达到精准化营销。主播在直播间对所有观看观众进行农产品营销，及时对弹幕问题和观众需求进行解决，注重观众的体验感，进而帮助农产品生产者掌握观众的基本喜好，从而实现针对性的生产与加工，提升农产品销量。直播间营销氛围和场景的营造能够影响观众的消费倾向，为了促进消费可以从以下 4 个方面着手。

1. 建立展演直播场景

直播带货形式注重观众的核心地位，一场直播效果的优劣和销售状况主要取决于能否吸引流量。在新媒体技术发展下，媒介开始呈现出渗透性、主体化及隐藏性等相关特点，所营造出的氛围形成了丰富多样的虚拟化场景，只要观众进入其中，就会被营造出的景象所吸引，从而展开交互行为，进而付诸消费。由此可见，场景营造是直播营销过程中的关键要素。在“直播+农产品”的形式中，为了使广大观众能对农产品本身有更加深入的了解，也为了主播能全面展示农产品的各项特性，必须建立专项场景，营造出多样化的媒介空间，使观众能够即时互动和“现场观摩”，在保证视觉体验的同时，产生亲临现场的感觉。

2. 建立临场直播场景

在农产品直播带货中对于场景的建立，最有效的方式便是直接还原真实场景，进一步提升观众对于农产品的信赖和临场感。2022 年，在长春农博会上，主办方直接将蔬菜大棚、田间地头及养殖场升级成了“直播间”，邀请了数十位主播在现场展示和销售各品种的农产品，获得了极大反响。去年“双十一”青岛即墨区移风店镇的多名菜农主播就直接将直播间搬入了蔬菜大棚，带领观众了解蔬菜的生长过程，其中两名菜农当天直播 4 小时销售了上千斤蔬菜，全面提升了农产品供销对接效率。

3. 跨屏直播

所谓跨屏直播是指对传统媒体和新媒体进行整合，使其发挥出联动优势，建立融屏生态，实现内容与渠道的交叉性联动，将媒介资源转化成购买行为。以电视为代表的大屏传统媒体模式，在内容输出和舆论引导方面作用显著，且其覆盖范围广、公信力强，将电视节目引入农产品直播带货中，能真正使主流媒体的权威性被转移至农产品直播销售上，提升观众对农产品本身的信任程度。例如，“希望的田野”就将电视节目真人秀和直播助农结合起来，围绕明星组成的“希望小组”，深入黑水、汶川、凤凰、永仁、鄱阳等地区进行直播，并基于具体的带货目标，如完成多少销售额、直播间达到多少人数等，使明星全身心参与到农产品直播带货的整个流程中。节目录制期间，共为 68 个商户进行了无偿带货宣传，观众不仅了解到每件农产品进入直播间的过程，也见证了明星完成直播的过程，还对节目和销售的农产品产生了极大的信任感，自然而然地参与到了助农过程中，真正做到将媒介资源转化成了观众购买力。

4. 串屏直播

所谓串屏直播是指将电视屏幕（大屏）作为核心屏幕，与手机屏幕（小屏）的联动，实现直播带货的一种形式。这一形式最早是由湖南卫视的某档节目提出的，应用于“芒果扶贫云超市”的直播晚会中。在这之中基于串屏直播的形式以舞台大屏为主，明星分组“PK 带货”，同时屏幕后数十个小屏直播间对农产品优势、品质和购买链接进行介绍，以帮助明星进行销售，而这数十个小屏直播间又将全国上百个直播间联系起来。在这一形式下，2 小时的直播晚会就卖出了湖南省十多个县的产品，总计金额达到了 1.02 亿元。能够发现，这种直播形式，不仅使线下观众被引导到了线上直播间，还可以享受大屏的视觉效果，涉及电视端、移动端，有效提升了节目收视率。

项目小结

本项目探讨了在当前电子商务环境下，农产品利用直播这一新型营销手段进行品牌推广与销售提升的策略和方法。直播营销作为近年来迅猛发展的销售方式，为农产品电子商务开辟了新的运营渠道，极大地增强了消费者与农产品之间的互动体验。本项目不仅介绍了农产品直播营销的基本概念和操作流程，还深入剖析了成功的直播营销策略，以及面临的挑战与应对方法，为农产品电子商务运营者提供了指导和参考。

在农产品直播营销中，选择合适的直播平台是成功的关键。不同的直播平台有着不同的用户基础和定位，农产品电子商务需要根据自身的产品特点和目标受众，选择与之相匹配的直播平台进行合作。同时，主播的个人魅力和专业知识也直接影响着直播的效果。专业的主播能够吸引更多观众的关注，并通过生动的讲解和示范，激发观众的购买欲望。

直播脚本类型与制作同样至关重要。农产品直播不仅是简单的产品展示，更需要通过有趣味、有价值的内容吸引观众的注意力，并建立起与观众之间的情感连接。通过详细规划直播过程中的各个环节，可以使精心策划的直播内容和品牌的价值理念准确传达给观众，保证最优化的营销效果。

互动环节的设置也是农产品直播营销中不可或缺的一部分。直播营销的本质在于实时互动，农产品电子商务运营者需要充分利用这一优势，积极与观众进行互动和交流。通过设置问答环节、抽奖活动、观众投票等方式，让观众参与到直播中，提升他们的参与感和归属感。同时，互动环节还能够帮助农产品电子商务运营者收集观众的反馈和意见，为产品的改进和营销策略的调整提供有力支持。

此外，农产品直播营销还需要注重数据的分析和运用。通过对直播数据的深入分析，农产品电子商务运营者可以了解观众的观看时长、互动频率、购买转化率等指标，从而评估直播效果并优化直播策略。同时，数据分析还可以帮助农产品电子商务运营者精准定位目标受众，实现具有针对性的营销推送。

综上所述，本项目为农产品电子商务运营者提供了全面的直播营销指导。通过学习和应用本项目的知识点和策略建议，农产品电子商务运营者可以更加有效地利用直播营销进行品牌推广和销售提升，为农产品电子商务发展注入新的活力。

课后案例

案例一　直播助农 助力乡村振兴

背景

随着直播技术的发展，农产品直播营销成了助力乡村振兴的新途径。某农产品电子商务企业利用直播平台，组织农民进行农产品直播销售，实现了农产品的线上推广和销售，带动了农村经济的发展。

思政元素

创新驱动：该电子商务企业紧跟时代潮流，创新农产品营销方式，将直播技术与农产品销售相结合，为农民开辟了新的增收渠道。

乡村振兴：通过农产品直播营销，该电子商务企业将城市的消费需求与农村的农产品资源有效对接，推动了乡村产业的发展和振兴。

共同富裕：农产品直播营销不仅提高了农民的收入水平，还带动了农村相关产业的发展，促进了农村地区的共同富裕。

教育意义

这个案例让我们认识到创新在农产品电子商务中的重要作用，以及农产品直播营销对乡村振兴和共同富裕的积极贡献。同时，也鼓励我们在未来的学习和工作中，要积极探索新的农产品营销方式，为农村经济的发展贡献自己的力量。

案例二　直播传递正能量，塑造新时代农民形象

背景

在农产品直播营销过程中，某农民主播通过分享自己的农耕生活、农业知识和农产品背后的故事，传递了积极向上的正能量，塑造了新时代农民的新形象。

思政元素

正能量传播：这位农民主播在直播中积极传播正能量，展现了新时代农民勤劳、智慧和乐观的精神。他的直播内容不仅吸引了消费者的关注，还激发了人们对农村生活的向往和对农业发展的信心。

农民形象塑造：通过农产品直播营销，这位农民主播展示了新时代农民的知识水平、技能水平和精神风貌，塑造了积极向上、自信自强的新时代农民的形象。

文化传承：在直播过程中，这位农民主播不仅销售农产品，还介绍了当地的农耕文化和乡村风俗，既传承了乡村文化，又增强了乡村的文化自信。

教育意义

这个案例向我们展示了农产品直播营销在传递正能量、塑造新时代农民形象和文化传承方面的重要作用。通过观看农民主播的直播，我们可以感受到新时代农民勤劳、智慧和乐观的精神，增强对乡村文化的认同感和归属感。同时，这个案例也鼓励我们在未来的农产品电子商务运营中积极传播正能量，为乡村文化的传承和发展贡献自己的力量。

巩固提高

一、单项选择题

1．农产品直播的（　　）最能体现其与传统销售方式的不同。

A．实时性　　B．互动性

C．真实性　　D．便捷性

2．在制作农产品直播预告时，（　　）不是制作要点。

A．明确预告目标受众及其需求和兴趣点

B．突出直播活动的亮点和特色，如农产品的品质、产地优势、价格优惠等

C．设计吸引人的标题和封面，提高预告的点击率和观看率

D．在预告中设置与直播内容无关的娱乐节目

3．农产品社交媒体营销方案内容不包括（　　）。

A．营销目标确定　　B．活动筹划规划

C．推广计划设计　　D．营销效果预测

4．最能表达直播营销活动效果的核心指标是（　　）

A．直播销售额　　B．直播观看人数

C．客户留存率　　D．商品点击率

5．某企业计划借助短视频平台宣传“水果布丁”，为突出产地直销卖点，宜采取（　　）。

A．产品原产地内容筹划　　B．访谈类内容筹划

C．解说类内容筹划　　D．故事类内容筹划

二、多项选择题

1．关于农产品直播脚本的类型，正确的选项是（　　）。

A．产品展示型脚本适用于新品发布、特色农产品推广等场景。

B．互动体验型脚本通过设计有趣的互动环节，如抽奖、问答等，激发观众的兴趣和购买欲望。

C．知识普及型脚本以传授农业知识、烹饪技巧等为主题，结合农产品进行介绍。

D．促销优惠型脚本重点介绍农产品的优惠活动、限时折扣等促销信息，促进观众的购买行为。

2．社交媒体营销效果优化可以从（　　）入手。

A．及时与“粉丝”互动增加黏性

B．多一些原创内容增加吸引力

C．内容要贴合话题热点并添加多一些有趣元素

D．每日发布更多的信息刷存在感

3．关于农产品直播营销的说法，正确的选项是（　　）。

A．直播目标的设定可以采用 SMART 目标制定方法

B．直播人群定位需要结合直播目标和直播产品进行

C．直播主播的选择不需要考虑产品，只需要选择人气主播追求高流量

D．直播选品需要考虑客户喜好、产品质量等多种因素

4．以下关于农产品短视频营销选题技巧描述合理的是（　　）。

A．追踪热点选题　　B．选题节点设计恰当

C．选题角度切中“痛点”　　D．选题受众范围要广

5．短视频营销过程中，需要对（　　）等基础数据进行监控。

A．播放量　　B．点赞量

C．转发量　　D．评论量

三、判断题

1．营销目标往往只能有一个，而且是固定不变的。（　　）

2．活动筹划是以品牌宣传为主、营利销售为辅而展开的活动主题筹划。（　　）

3．社交平台营销活动跨渠道投放效果要远优于同一渠道投放。（　　）

4．不同的社交媒体进行营销效果监控的指标也是不同的。（　　）

四、简答题

1．在农产品直播营销中，有哪些关键的直播设备和工具？它们各自的作用是什么？

2．在进行农产品直播营销前，应如何确定目标受众并制定相应的直播策略？

3．在农产品直播营销中，如何设计吸引人的直播内容和活动，以提高观众的参与度和购买意愿？

4．农产品直播营销后，如何对直播效果进行量化和评估，以便优化和改进未来的直播计划？

5．农产品直播营销面临哪些挑战和风险，应如何有效应对和解决这些问题？

考核评价模块

一、考核评价目标

本模块的考核评价目标旨在全面评估学生在农产品直播营销方面的能力，包括直播策划、直播内容创作、直播执行与互动、直播效果评估等。通过考核提升学生的直播营销实操技能，为农产品电子商务的品牌推广和销售提升提供有力支持。

二、考核评价标准

（一）直播策划能力

学生能否根据农产品的特点和目标受众，制定合理的直播策划方案？

策划方案是否包括明确的直播目标、时间安排、内容设计、互动环节等？

（二）直播内容创作能力

学生能否创作高质量、有吸引力的直播内容，如产品介绍、使用示范、故事分享等？

内容是否与农产品品牌形象和营销目标相符，是否具有创新性和趣味性？

（三）直播执行与互动能力

学生在直播过程中能否保持良好的形象和语言表达能力？

能否与观众积极互动，及时回应评论和问题，营造良好的直播氛围？

能否有效运用直播技巧，如引导关注、促进购买等？

（四）直播效果评估能力

学生能否运用数据分析工具评估直播效果，如观看人数、观看时长、转化率等？

是否能够根据评估结果调整直播策略和内容？

直播效果是否达到预期目标，如销售额提升、品牌知名度提高等？

三、考核评价方法

实操演练：要求学生在指定平台上进行农产品直播实操，观察其直播策划、内容创作、执行与互动等方面的表现。

案例分析：提供农产品直播营销案例，要求学生进行分析并提出自己的见解和改进建议。

数据分析报告：要求学生提交直播数据分析报告，评估其直播效果评估能力。

教师评价与学生互评：结合教师对学生的观察和评价，以及学生之间的互评，形成全面、客观的考核结果。

四、考核评价结果反馈

分数与等级评定：根据考核评价标准，给出具体的分数和等级，让学生清楚自己在农产品直播营销方面的表现。

优缺点分析：详细列出学生在直播营销过程中的优点和不足，帮助其认清自己的长处和需要改进的地方。

改进建议：针对学生的不足之处，提供具体可行的改进建议，如加强直播内容创作能力、提升互动技巧等。

案例分享：鼓励学生分享自己在农产品直播营销中的案例和经验，促进同学间的交流和学习。

后续跟进计划：根据学生的表现，制订个性化的后续跟进计划，如定期参加直播营销培训、参与项目实践等，确保其持续改进和成长。对于表现优异的学生，可以给予额外奖励和激励措施，以资鼓励。

项目八

农产品短视频营销

项目导读

短视频营销作为农产品电子商务的新兴推广方式，以其直观、生动、互动性强的特点，迅速占领市场，成了农产品品牌建设与销售的新宠。在数字化信息时代，短视频平台凭借庞大的用户基础和高度活跃的用户黏性，为农产品营销提供了前所未有的机遇。本项目将系统阐述农产品短视频营销的基本概念、核心要素、实施策略及效果评估，旨在帮助农产品电子商务运营者全面把握短视频营销的精髓与实操技巧。

在农产品短视频营销中，内容的创意与策划是成功的关键，要求农产品电子商务运营者能够深入挖掘农产品的独特卖点和文化内涵，通过故事情节、场景再现等方法，打造引人入胜的短视频内容。同时，短视频的脚本制作与拍摄也不容忽视，高质量的内容和画面能够极大提升用户的观看体验，进而增强营销效果。此外，农产品短视频营销还需注重与目标受众的精准匹配，通过数据分析与用户画像，精准定位目标市场，实现营销信息的精准触达。在实施农产品短视频营销时，与网络达人的合作也是一个有效的策略，借助他们的影响力和“粉丝”基础，能够快速扩大农产品的知名度和销量。最后，本项目还介绍了科学评估农产品短视频营销效果的策略，包括数据指标的选取、分析方法的运用及优化策略的制定等，帮助农产品电子商务运营者在实践中不断提升农产品短视频营销的能力与水平。

通过本项目的学习，农产品电子商务运营者能够熟练掌握短视频营销的核心技能和方法，为农产品电子商务运营的蓬勃发展贡献自己的力量。

学习目标

知识目标

1. 掌握农产品短视频营销的基本概念、原理及其在农产品电子商务中的应用价值。

2. 了解短视频平台的特点、用户群体以及内容传播机制。

3. 熟悉农产品短视频内容的策划、制作与发布流程。

4. 学习农产品短视频营销的策略，包括定位、选题、拍摄、编辑和推广等。

5. 掌握农产品短视频营销效果评估的方法与指标。

能力目标

1. 能够独立策划和制作农产品短视频内容，包括脚本编写、拍摄和后期编辑。

2. 能够运用短视频平台进行农产品品牌推广和营销活动。

3. 能够与短视频创作者、关键意见领袖合作，提升农产品短视频的传播效果和影响力。

4. 具备农产品短视频数据分析的能力，能够根据观看数量、点赞数量、评论数量等指标优化内容策略。

素质目标

1. 培养创新思维和审美能力，创作高质量、有吸引力的农产品短视频内容。

2. 树立用户至上的理念，关注观众需求，提供有价值的农产品信息和服务。

3. 培养团队合作精神和沟通能力，与团队成员协作完成农产品短视频的制作和推广任务。

4. 具备强烈的学习意愿和自主学习能力，不断更新农产品短视频营销的知识和技能。

5. 培养耐心和毅力，面对农产品短视频营销中的挑战和困难时能够保持积极的心态和持续的努力。

引导案例

“90 后”青年回乡创业

案例背景

“90 后”青年宋超回乡创业，成为新时代“新农人”。他凭借大学期间积累的视频拍摄经验，创立了农业公司，并创新性地运用“直播+短视频”的模式，致力于推广家乡的特色农产品，助力农民增收致富。

案例主体

在直播中，宋超以朴实无华的语言向观众介绍着每一件农产品：“这是刚采摘的秋月梨，汁满肉细，值得品尝；这是纯手工制作的杂粮煎饼，富含多种营养；还有自家晾晒的干辣椒，皮薄味浓，满足不同口味需求……”这些话语通过他的抖音账号，传递给了千家万户。

宋超深知，比起种植，销售才是他的强项。毕业于连锁经营管理专业的他，早在大学期间便涉足淘宝电子商务，这些年通过不断学习短视频拍摄与电子商务销售技巧，以直播带货的形式为家乡的农产品打开了新销路。

面对当地农产品销售的困境，宋超主动出击，以高于市场的价格收购农户的产品，并聘请他们参与配货、分拣、发货等环节。2021 年 5 月，他注册成立了农业科技有限公司，秉持“还原家乡食材味道”的理念，通过直播与短视频将应季蔬菜等农产品销往全国各地。

目前，宋超直播带货累计销售额已超过 500 万元，惠及上百户农户，每户年均增收达 6 万元。尽管他工作繁忙，从选品到直播再到发货，每天都要忙碌至深夜，但却乐此不疲。他坚信，作为新时代返乡创业青年，自己有责任也有能力为家乡农产品的销售贡献一份力量。

案例启示

宋超作为“新农人”的代表，通过创新的“直播+短视频”模式，成功地将家乡的特色农产品推广至全国，不仅提高了销售额，还显著增加了农户的收入。他的成功案例展示了现代科技与传统农业结合的巨大潜力，以及青年返乡创业在乡村振兴中的重要作用。宋超的实践证明，利用个人专长和现代电子商务渠道，可以有效解决农产品销售难题，促进农业产业的升级和农民的增收。他的努力和成就为其他有志于农业创业的青年树立了榜样，也为乡村振兴战略的实施提供了宝贵经验。

知识讲堂

任务 1　农产品短视频营销认知

在农产品电子商务运营中，短视频营销作为一种新兴的运营方式，受到越来越多的关注和重视。农产品短视频营销不仅能够有效提升农产品的品牌知名度和美誉度，还能够促进农产品的销售和推广。因此，对于农产品电子商务运营者来说，深入了解农产品短视频营销的认知及相关知识十分重要。

一、农产品短视频营销的概念及特点

农产品短视频营销是指利用短视频平台，通过拍摄和发布与农产品相关的短视频内容，吸引目标受众的注意力，提升农产品销售量的一种营销方式。与传统的营销方式相比，农产品短视频营销具有以下的特点。

1．直观性强

短视频能够直观地展示农产品的外观、品质和特点，使消费者在短时间内对农产品有更加深入的了解。

2．互动性好

短视频平台通常具有丰富的社交功能，如点赞、评论、分享等，这些功能使得消费者能够与农产品生产者进行实时互动，提高消费者的参与感。

3．传播速度快

短视频平台具有庞大的用户群体和高度活跃的社交网络，农产品短视频内容能够在短时间内迅速传播，覆盖更广泛的受众群体。

二、农产品短视频营销的价值与意义

农产品短视频营销在农产品电子商务运营中具有重要的价值与意义，主要体现在以下 3 个方面。

1．提升品牌知名度

通过短视频平台的传播，农产品能够迅速获得曝光机会，提高品牌知名度。当消费者对农产品产生兴趣时，他们更有可能将该品牌推荐给身边人，进一步扩大品牌的影响力。

2．增强消费者信任

短视频能够真实、生动地展示农产品的生长环境、生产过程等场景，使消费者更加信任农产品的质量和安全。这种信任感对于促进农产品的销售至关重要。

3．拓展销售渠道

短视频平台不仅是一个展示农产品的窗口，也是一个潜在的销售渠道。通过在短视频中嵌入购买链接或二维码，消费者可以直接在平台上完成购买行为，实现销售转化。

三、农产品短视频营销的策略与技巧

1．明确目标受众

在拍摄短视频前，需要明确目标受众及其兴趣和需求。只有了解目标受众的特点，才能制作出更加符合他们喜好的短视频内容。

2．优化视频内容

短视频的内容应该简洁明了、有趣有料，可以通过讲述农产品的故事、展示农产品的独特之处等方式吸引观众的注意力。同时，要注意短视频的画质和音质，确保观众能够有良好的观看体验。

3．利用社交媒体传播

在发布短视频后，要充分利用社交媒体的力量进行传播，可以通过分享到微信、微博等社交平台，邀请好友点赞、转发等方式扩大短视频的曝光范围。

4．与观众互动

在短视频平台上，农产品电子商务运营者要积极与观众进行互动。通过回应观众的评论和问题，感谢他们的点赞和分享等方式增强观众对农产品的认同感和归属感，提高购买意愿。

5．定期更新与维护

为了保持观众的关注度和兴趣，农产品电子商务运营者需要定期更新与维护短视频内容。可以根据农产品的生长周期和季节变化，安排更新频率和内容主题。

农产品短视频营销作为农产品电子商务运营的一种重要手段，具有直观性强、互动性好、传播速度快等优势。通过掌握一定的策略和技巧，农产品生产者能够有效地利用短视频平台提升农产品的知名度和销售量。未来随着短视频平台的不断发展和完善，农产品短视频营销将迎来更加广阔的发展空间和机遇。同时，农产品电子商务运营者还需要关注短视频营销中可能出现的问题和挑战，如内容同质化、观众审美疲劳等，以便及时调整策略应对变化。

案例链接

案例一　通过快手平台推广农产品

通过快手平台推广农产品具有以下3个优势。

1. 平台曝光量大

快手是当下主流的短视频平台之一，注册用户超7亿，日均活跃人数超2亿。快手有着巨大的流量池，选择在快手投放广告日均播放次数能够超过150亿，日均点赞数量达4亿次。因此，选择快手平台会获得极大的曝光量。

2. 用户黏性高

快手按用户的兴趣标签推送短视频，用户喜欢看就会长时间停留，平台的留存率和用户黏性较高。平台还会对新用户进行流量扶持，质量高的短视频，平台推送的流量就越多。

3. 定向推送

形成标签的短视频，快手平台会定向推送给对你的视频感兴趣或者有需求的人。

4. 效果可把控

快手还提供多维度分析报表，可以实时监测自己的推广详细，查看推广效果与实际转化。以此对广告预算进行合理的设置。

由此可见，快手的高曝光和高精准推送的优势，正好也与当前农产品行业的痛点相符合。

案例二　通过抖音平台销售农产品

农产品涉足短视频领域，一方面可以带动地方产业的发展，另一方面也可以摆脱农产品资源销售途径单一的瓶颈。抖音相比于淘宝、京东来说能在大流量平台上创造产品相对独立的交互性流量。

农产品在抖音平台发布短视频主要有以下3种类型。

1. 农业教育类

我们可以根据农产品的生产全过程做一个细分拍摄，如果有生产基地的话还可以拍摄生产的全过程。每一个小过程都可以作为一个知识点制作短视频。

2. 产品科普类

我们可以在短视频中向大家科普农产品知识及相关的生活常识，如分享如何挑选或制作农产品等知识。

3. 美食教程类

我们还可以通过短视频分享农产品的各种食用方法，可以推出一系列的美食教程，这样的内容是非常容易吸引消费者，转化率相对较高。

任务 2　农产品短视频营销原则与策略认知

在农产品电子商务的浪潮中，短视频营销以其独特的魅力和优势，成为农产品推广和销售的“新宠”。为了更好地利用短视频这一工具，农产品电子商务运营者需要遵循一定的原则，并采取有效的营销策略，本任务将深入探讨这些相关的知识，为农产品电子商务运营者提供指导。

一、农产品短视频营销原则

1. 内容至上原则

在农产品短视频营销中，内容是吸引观众、传递信息、建立品牌的关键。因此，农产品电子商务运营者必须注重内容的创意性、实用性和趣味性。通过展示农产品的生长过程、加工技艺、食用方法等内容，激发观众的兴趣和购买欲望。同时，要确保内容的真实性和可信度，避免夸大宣传误导消费者。

2. 目标受众定位原则

在进行农产品短视频营销时，农产品电子商务运营者先要根据产品的特点和市场需求明确目标受众。通过深入了解目标受众的偏好、需求和消费习惯，制作出更加符合他们喜好的短视频内容，提高营销效果。

3. 平台选择原则

选择合适的短视频平台对农产品短视频营销至关重要。目前市场上存在众多的短视频平台，每个平台都有自己的用户群体和特点。农产品电子商务运营者需要根据农产品的属性和目标受众的特点，选择与之匹配的平台进行营销。同时，需要关注平台的流量、活跃度和用户黏性等指标，确保平台能够覆盖更加广泛的潜在客户。

4. 互动沟通原则

农产品短视频营销不仅是单向的信息传递，更重要的是要与观众进行互动和沟通。农产品电子商务运营者要积极回应观众的评论和问题，关注他们的反馈和需求，及时调整和优化短视频内容，通过互动沟通，取得观众的信任，提高品牌的忠诚度和美誉度。

农产品短视频如图 8-1 所示。

图 8-1　农产品短视频

二、农产品短视频营销策略

1．故事化营销策略

将农产品背后的故事融入短视频中，是一种有效的营销策略。通过讲述农产品的历史发展、文化传承、生长过程等故事，赋予农产品更多的情感价值和文化内涵。这种故事化的营销策略能够打动观众的心灵，激发他们的购买欲望。

2．场景化营销策略

将农产品放置于特定的场景中进行展示和推广，也是一种有效的营销策略。通过构建与农产品相关的生活场景、消费场景等，让观众在观看短视频的过程中感受到产品的实用性和价值。这种场景化的营销策略能够增强观众的代入感和体验感，提高购买转化率。

3．KOL 合作营销策略

与短视频平台上的关键意见领袖（KOL）进行合作，是农产品短视频营销的一种重要策略。通过与具有影响力和号召力的 KOL 合作，借助他们的人气和“粉丝”基础，提升农产品的曝光率。在选择合作的 KOL 时，要注重其与农产品的关联性，确保合作能够达到预期的效果。

4．数据分析与优化策略

在农产品短视频营销过程中，要注重数据的收集和分析。通过对观看人数、观看时长、互动次数等数据的分析，了解观众的行为习惯和偏好，为优化短视频内容提供依据。同时，要关注销售数据和用户反馈等信息，及时调整营销策略和产品改进方向。短视频指标体系如图 8-2 所示。

农产品短视频营销作为农产品电子商务运营的一种重要手段，需要遵循内容至上、目标受众定位、平台选择和互动沟通等原则。同时，采取有效的营销策略，如故事化营销、场景化营销、KOL 合作营销和数据分析与优化等策略，提高营销效果。未来随着短视频技术的不断发展和创新，以及消费者需求的不断变化，农产品短视频营销将迎来更多的机遇和挑战。农产品电子商务运营者需要不断学习和探索新的营销理念和方法以适应市场的变化，推动农产品电子商务运营的持续发展。

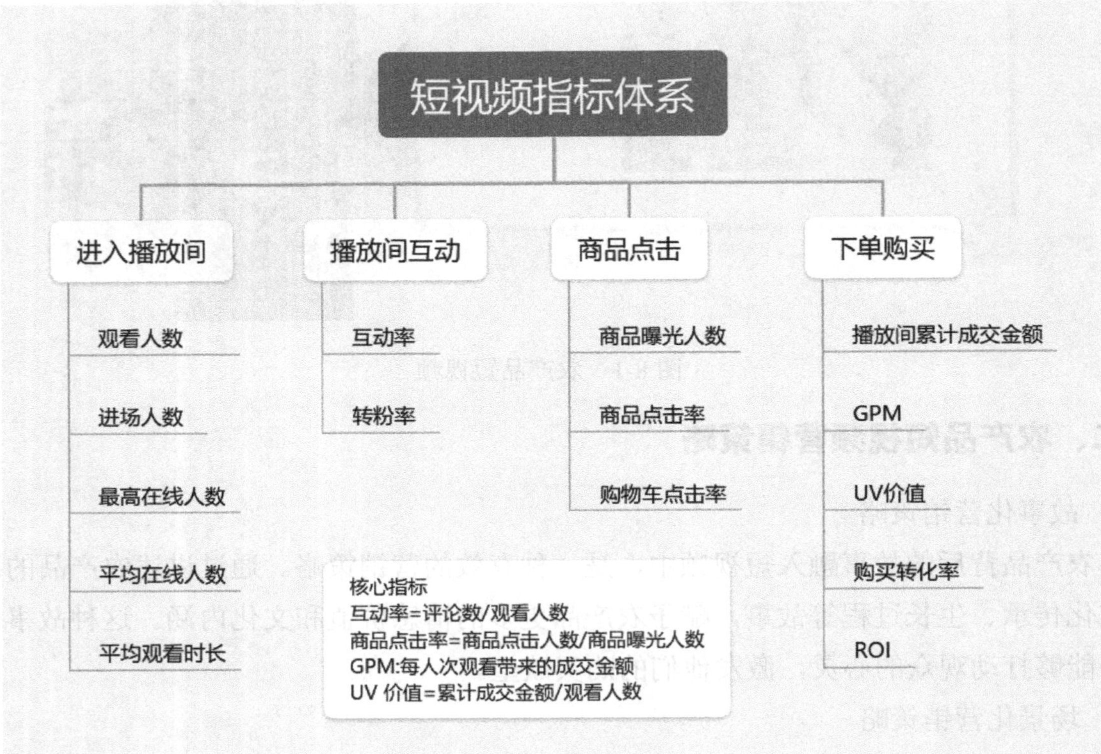

图 8-2　短视频指标体系

案例链接

案例一　“农产品短视频+直播营销”助力乡村振兴

《“十四五”推进农业农村现代化规划》提出：“坚持农业农村优先发展，全面推进乡村振兴，加快农业农村现代化。”

从当前农村电子商务从业人员的构成结构来看，开店知识缺乏的人员比重达到 20%左右，设计网店困难的人员比重达到 14%左右，没有经营管理理念的人员比重达到 31%左右。

目前，农村电子商务发展呈现出明显的市场竞争同质化的特点。同质化导致了低价竞争成为电子商务“夺取”客户的主要手段，进而恶化了营商环境并导致了农产品市场的“劣币驱逐良币”现象的发生，资源浪费现象严重。一个健康完整的农村电子商务应该由农产品进城和工业品下乡双向流通网络共同构成，并且按照各自的产业占比情况大致达到平衡的发展。

2020 年 4 月，商务部大数据监测显示，一季度直播电子商务场次超过 400 万场，100 多位县长、市长走进直播间为当地的农产品代言。淘宝、京东、拼多多、快手、抖音等平台纷纷开通了专门帮助农产品线上销售的绿色通道。在全国经济严峻的一季度，仍然保证了全国网络零售与2023年同期基本持平的大好局面。仅淘宝直播一个平台，就涌现了100多种线下职业变身主播。快手和抖音平台以短视频作为主要谋生渠道的农村网络达人也如雨后春笋般冒出。

案例二　“短视频+网络达人+三农”短视频支持乡村振兴潜力巨大

短视频作为新时代传播工具，其中一大魅力在于能够帮助线下实体引入更多流量，拉动销售，进而促进产业发展。不少农民通过短视频直播售卖具有本地特色的产品。

快手达人申俊山就是敢于吃螃蟹的“先锋”，他在快手平台上通过短视频和直播的方式卖柿饼。每年十一月，申俊山都会到陕西富平，在这里待上将近四个月的时间，直至柿饼销售旺季过去。柿饼是富平最主要的经济作物，作为一项代代相传的传统农产品，是富平农民最重要的经济来源之一。

申俊山在快手上拥有超过50万的“粉丝”，这些“粉丝”是他短视频和直播内容的忠实观众，更是他水果生意的忠诚客户。大部分客户都是因为看了他在快手上的短视频，慕名而来。

看到申俊山的收益显著提高，一些村民也开始通过视频售卖柿饼，其他村民则将自家柿饼交由做直播与短视频内容的村民销售，共享利润，极大地推动了该村的经济发展。

订单增多，反向推动生产者改善柿饼加工工序。之前村民只是把柿子摘下来清洗、自然晾晒，现在要求去皮、控水、按摩、挤压，待水分蒸发后，才开始晒干、包装。农产品品质的提升反过来又促使农产品的销量增长。

农产品的种植、养护、生产、加工等流程，都可以通过短视频工具生产内容，输出场景，能够有效解决农产品安全信任问题，也能提高内容生产者的“粉丝”黏性，增加垂直“粉丝”数量。

任务3　农产品短视频脚本制作与拍摄

在农产品电子商务运营中，短视频作为一种直观、生动的营销方式，越来越受到农产品电子商务运营者的青睐。而短视频的质量和效果，很大程度上取决于脚本制作与拍摄的精细程度。本任务将详细阐述农产品短视频脚本制作与拍摄的过程和要点，帮助农产品电子商务运营者更好地掌握这项技能。

一、农产品短视频脚本制作

1．确定主题与目标

在制作农产品短视频脚本前，先要明确视频的主题与目标。主题可以围绕农产品的特点、生长环境、加工过程、食用方法等内容展开，目标可以是提升品牌知名度、促进销售、传递产品价值等。明确主题与目标后，脚本的制作就有了明确的方向和依据。

2．撰写脚本内容

脚本内容应简洁明了、有趣有料、能够吸引观众的注意力。在撰写过程中，要注重情节的连贯性和逻辑性，合理安排镜头的切换和场景的变换。同时，需要通过生动的语言和形象的描写，将农产品的魅力和价值展现给观众。

3．设计镜头与场景

脚本中应详细描述每个镜头的拍摄内容、角度、时长等要求，以及场景的布置和道具的选择。通过精心设计镜头与场景，可以营造出良好的视觉效果，增强观众的观看体验。农产品短视频营销场景如图 8-3 所示。

图 8-3　农产品短视频营销场景

二、农产品短视频拍摄要点

1．设备准备

拍摄农产品短视频需要准备相应的拍摄设备，如摄像机、三脚架、稳定器、灯光等。设备的选择要根据预算和实际需求来确定，确保拍摄的视频画面清晰、稳定、美观。

2．光线与布光

光线是拍摄短视频的重要因素之一。在拍摄过程中，要注意光线的方向和亮度，合理运用自然光和人工光源进行布光。通过巧妙的布光技巧，突出农产品的质感和色彩，提升视频的视觉效果。

3．拍摄技巧

在拍摄农产品短视频时，要掌握一些基本的拍摄技巧，如推镜头、拉镜头、摇镜头等。这些技巧可以帮助运营者更好地展示农产品的特点和细节，增强视频的观赏性和吸引力。同时，要注意保持画面的稳定性和清晰度，避免出现抖动和模糊的现象。

4．后期编辑与制作

拍摄完成后，需要对视频进行后期编辑和制作，包括剪辑、配音、配乐、字幕等环节。通过后期编辑和制作，可以将拍摄的素材整理成一部完整的短视频作品，提升视频的观赏性和传播效果。农产品短视频拍摄画面如图 8-4 所示。

图 8-4　农产品短视频拍摄画面

农产品短视频脚本制作与拍摄是电子商务运营中的重要环节。通过精心制作脚本和拍摄高质量的短视频，可以有效地提升农产品的品牌知名度和销售量。未来随着短视频技术的不断发展和创新，以及消费者需求的不断变化，农产品短视频脚本制作与拍摄将面临更多的机遇和挑战。农产品电子商务运营者需要不断学习和探索新的制作理念和拍摄技巧，以适应市场的变化并推动农产品电子商务运营的持续发展。同时，也需要关注短视频平台的规则变化和用户喜好变化，及时调整脚本制作和拍摄的策略，更好地满足观众的需求和期望。

案例链接

案例一　短视频拍摄构图技巧

1. 居中构图

在拍摄中，忌讳把拍摄的主题放在画面的中间占满整个画面，虽然居中构图能着重体现所要刻画的物体，但是一旦处理不好会显得画面呆板，无法给人以美感。所以在居中构图时，要注意农产品本身的色彩处理及背景的留白比例。

2. 水平构图

水平构图的画面能给人稳定、宽阔的感觉，它对农产品的表现是安静、平衡、松弛，符合人的视觉习惯。

3. 垂直构图

与水平构图相比，垂直构图的画面体现了纵深感和高度感，农产品在画面中展现出来的是一种张力和饱满感。

4. 三角构图

以农产品组成的立体三角或者平面三角形，可以是正三角，也可以是斜三角或倒三角。不同的三角形能够带给人们不同的视觉感受。三角形构图具有安定、均衡、灵活等特点。

5. 对称构图

对称构图是比较稳定、平衡的画面布局，视觉效果较为醒目。

6. 对角线构图

对角线构图是指物体在画面中两对角的连线，是一种导向性很强的构图形式，能带来较强的动态感，表现农产品的错落感与虚实感。

7. 平行构图

画面由多条具有平行线效果的农产品组成，这样的视觉效果平静、舒适。

8. L形构图

L形构图一般出现在画面简洁、元素朴实的视频中，这种构图的张力能给视频带来天马行空的视觉延伸感。需要注意的是，L形构图中画面元素常常平均分割，在构图时要避免破坏画面的平衡感，L形折线的汇聚点位置也要慎重选择，因为它有可能是画面的中心。

9. U形构图

U形构图与L形构图一样，张弛有度，能带来很好的视觉想象空间，尤其在形状零散的农产品拍摄中有更好的效果。

案例二　短视频拍摄细节

1. 食材准备

在拍摄短视频前，先要确保食材过关，确保上镜的农产品新鲜干净、色泽诱人，能够给人一种视觉上的向往感。需要注意的是，有些农产品的新鲜度是有一定时间期限的，所以如果视频拍摄的时间过长，需要在拍摄现场多准备几份农产品。

2. 光线的把握

在拍摄农产品时，光线具有魔术般的表现力，生动、自然的光线能够令整个短视频锦上添花。一般来讲，当我们在画面中表现固态农产品的形状和轮廓时，主要采用逆光和侧逆光的照明方式，在农产品和环境之间形成易于区分的明暗分界线，这样可以使农产品显得更加立体。但并不是每一次拍摄都需要进行照明，在进行拍摄时，最自然、肉眼最舒服的光线是最容易被我们忽视的太阳光。所以如果条件允许，利用自然光即可。

3. 适当的运动

相比于始终静态的拍摄，运动拍摄更能够吸引观众的注意力，并能够为整个视频的画面增添生气和趣味。但是这种运动不是随意的运动，而是有章法、讲究技巧的运动。这些细节性的呈现形式，往往能激发消费者对农产品的兴趣。

4. 质感的凸显

拍摄时要尽可能展现农产品本身的特性，凸显出农产品的质感。例如，在拍摄肉类食物的短视频时，要通过画面呈现出食物浓郁的肉汁酱料和肥厚的口感，让视频能够唤起观众对于肉食的记忆及联想。

5. 突出农产品颜色

果蔬类农产品颜色鲜艳，需要着重突出新鲜感和艳丽感，可选取黑色作为背景，形成强烈的色差，突出农产品的颜色。

任务4 农产品短视频发布与推广

在农产品电子商务运营中，短视频作为一种新兴的营销手段，受到越来越多农产品电子商务运营者的应用。然而，仅制作出高质量的短视频并不足以确保其在激烈的市场竞争中脱颖而出。本任务将深入探讨农产品短视频的发布平台选择、内容优化、推广策略等内容，帮助农产品电子商务运营者更好地提升农产品的品牌知名度和市场竞争力。

一、农产品短视频发布平台选择

（一）主流短视频平台分析

目前，市场上存在众多短视频平台，如抖音、快手、微视等。这些平台各有特点，用户群体和定位也有所不同。农产品电子商务运营者需要根据产品的特点和目标受众，选择最适合的平台进行发布。例如，农产品的目标受众是年轻人，可以选择抖音或快手等平台；农产品的目标受众偏向于中老年人，可以选择微视等平台。主流短视频平台如图8-5所示。

图8-5 主流短视频平台

（二）平台选择与定位策略

在选择发布平台时，农产品电子商务运营者需要考虑平台的定位策略。一些平台可能更加注重内容的娱乐性和创意性，而另一些平台则可能更加注重内容的实用性和教育性。农产品电子商务运营者需要根据农产品的属性和营销目标，选择与平台定位相符的策略进行发布。

二、农产品短视频内容优化

1. 标题与标签设置

短视频的标题和标签是吸引观众选择和观看的重要因素。农产品电子商务运营者需要精心设计标题，使其既能够准确反映视频内容，又能够吸引观众的注意力。同时，合理设置标签可以提高视频的曝光率和搜索排名，从而吸引更多潜在观众。

2．视频封面与缩略图设计

视频封面和缩略图是观众在浏览短视频时最先看到的内容。一个美观、吸引人的封面和缩略图可以提高视频的点击率和观看率。农产品电子商务运营者需要注重封面和缩略图的设计，使其与视频内容相符，并能够吸引观众的眼球。视频画面效果如图 8-6 所示。

图 8-6　视频画面效果

三、农产品短视频推广策略

1．社交媒体推广

利用社交媒体平台进行推广是农产品电子商务运营者常用的策略之一，通过在微信、微博、QQ 等社交媒体上分享短视频链接或二维码，可以吸引更多的观众点击观看。同时，农产品电子商务运营者还可以与社交媒体上的 KOL 或网络达人进行合作，借助他们的影响力和“粉丝”基础进行推广。

2．付费广告推广

付费广告推广是一种快速提高短视频曝光率和知名度的有效方法。农产品电子商务运营者可以通过在短视频平台上购买广告位或进行竞价排名等方式进行推广。需要注意的是，付费广告推广需要投入一定的资金，农产品电子商务运营者需要根据预算和实际需求进行规划，合理投入资金。

3．用户互动与推广

与用户进行互动和推广也是农产品短视频运营中的重要因素。农产品电子商务运营者可以通过评论回复、私信交流等方式与用户进行互动，建立良好的用户关系和口碑。此外，鼓励用户进行分享和转发也是提高短视频传播效果的有效方法。

农产品短视频的发布与推广是农产品电子商务运营中的关键环节。通过选择合适的发布平台、优化视频内容和运用有效的推广策略，可以显著提高农产品的品牌知名度和市场竞争力。未来随着短视频技术的不断发展和创新，以及消费者需求的不断变化，农产品短视频的发布与推广将面临更多的机遇和挑战。农产品电子商务运营者需要不断学习和探索新的发布与推广理念和策略，以适应市场的变化并推动农产品电子商务的持续发展。同时，也需要关注短视频平台的规则变化和用户喜好变化，及时调整发布与推广策略，更好地满足观众的需求和期望。

案例链接

案例一　农产品短视频分类

1. 产地类

产地类是农产品原产地的宣传片。目的在于通过电子商务、线下展会、电视购物、论坛、社交媒体等多种渠道进行宣传，让消费者了解农产品的原产地优势。

2. 产品类

根据产品面对的消费群体，分为视觉型、教程型、养生型、情感型四个类别。

视觉型是通过精致的画面、引导性的消费场景，展示农产品吸引人的一面，画面极具食欲和诱惑力，视觉刺激强烈。这类短视频的优点是简单明快、视觉冲击感强。

教程型是通过短视频教授观众制作简单的菜品或者美食，如卖银耳的商家利用短视频讲述如何制作银耳莲子羹。这类短视频的受众一般是办公青年、女性白领等。

养生型与教程型类似，但是此类短视频的重点不是教会你制作美食，而是传授你养生小技巧。“药食同源，医养同理”，我国的农业产品基本上都具有食补功效，此类短视频就是教给大家正确的饮食养生方法，做到饮食有方。这类短视频适合年龄较长一些的消费者群体。

情感型也称剧情型，该类型的短视频根据内容的区别，适合多个领域的消费者群体。如何做好一个农产品短视频，其实就是解决农产品与人的互动性问题。互动性就是短视频所呈现的内容与“我”有没有关系。

3. 农人类

农人类短视频目的是打造农人 IP，这类视频一般是配合展会及营销活动开展的。农人类短视频和产地类短视频是相互配合、共同完成的，用农人讲述农产品和产地的故事。

4. 企业品牌类

企业短视频有两种，一种是品牌短视频，一种是企业宣传短视频。

品牌短视频与产品类短视频相辅相成，需要与农产品相结合的短视频，才是传播的重点。

企业宣传短视频可以让消费者了解到企业的各项信息，从而增强对农产品的购买信心。让企业领导人、幕后生产者都能够走到屏幕前，为自己的这份产品及品牌代言，让整个短视频显得更加有活力，用人与人沟通的巧妙方法，拉近与消费者的距离。

案例二　短视频运营技巧

1．短视频是一种工具，赋能的载体就是特色农产品。农产品短视频“玩法”很多，对技术要求较低，只要抓住农产品的特点，加上拍摄环境和讲解就可以完成了。农产品拍摄最好在生长原地拍摄，能够真实地展现生长环境。

2．农产品从种植到生产，再到后期加工的流程，这些都可以使短视频内容IP化。例如，用短视频记录葫芦的生长过程或者在葫芦上加工、绘画等方式，都可以作为短视频内容IP化的素材。

3．打造农产品品牌代言人，提升代言人的个人形象，通过与“粉丝”互动，培养“粉丝”黏性。利用短视频和直播，宣传农村的生活故事或者农产品的故事，吸引消费者。

4．注重农产品的形象，通过将农产品动漫化，给予农产品人物的感情色彩，有利于人们接受、喜欢动漫化的农产品形象。

5．将农产品和其他行业领域结合在一起，通过“短视频+直播+农产品+节庆活动”的推广方式宣传农产品。

6．一条吸引人的短视频不仅内容要丰富，剪辑的节奏，镜头的组合，色彩的搭配都需要精雕细琢。短视频是源于生活高于生活的艺术，呈现出来的内容要具有观赏性，单纯的记录、枯燥的画面和生硬的台词是不足以打动观众的，只有故事化的情节才能深入人心。

7．拍摄短视频和直播需要投入大量的人力、物力，需要具备较高的素质才能做好。前期需要积累大量“粉丝”才能带动农产品销售，没有“粉丝”的关注就没有流量。如果个人的能力有限，可以和专业的平台或者网络达人合作。网上销售平台多种多样，有电子商务平台、社交平台、自媒体平台，短视频平台等，要认真分析哪个适合自己，还要根据人员能力、设备情况、推广费用等方面综合考虑，选择2～3个综合的平台，集中精力做好营销推广。

任务5　农产品短视频营销效果跟踪与数据分析

在农产品电子商务运营中，短视频营销已经成了一种重要的推广手段。然而，仅凭借制作和发布短视频并不足以确保营销效果的最优化，还需要对短视频营销效果进行跟踪和数据分析，不断优化营销策略提升营销效果。本任务将详细阐述农产品短视频营销效果跟踪与数据分析的方法和要点，帮助农产品电子商务运营者更好地掌握这项技能。

一、农产品短视频营销效果跟踪

1．关键指标设定

在进行农产品短视频营销效果跟踪时，先要设定关键指标。这些指标可以根据营销目标和实际情况进行设定，通常包括观看数量、点赞数量、评论数量、转发数量、点击率、转化率等。通过观看这些关键指标的变化，可以初步了解短视频的营销效果。

2．数据来源与收集

为了准确跟踪农产品短视频的营销效果，需要收集相关的数据。数据来源可以包括短视频平台提供的后台分析、第三方数据分析及调查问卷等数据。农产品电子商务运营者需要定期收集这些数据，并进行整理和分析。

3．数据监控与实时调整

在收集完数据后，农产品电子商务运营者需要对数据进行实时监控。通过观察数据的变化趋势，及时发现问题并进行调整。例如，发现观看数量持续下降，可能需要调整视频内容或推广策略。实时调整有助于优化营销效果，提升农产品的品牌知名度和销售量。

二、农产品短视频数据分析

1．用户行为分析

用户行为分析是农产品短视频数据分析的重要组成部分。通过分析用户的观看时长、观看次数、点赞内容、评论内容等行为，可以深入了解用户对短视频的喜好和需求。这些信息有助于农产品电子商务运营者优化视频内容和推广策略，提升用户体验和满意度。

2．内容效果分析

内容效果分析主要关注短视频的内容质量和吸引力。通过分析不同类型的短视频的观看数量、点赞数量等指标，可以了解更受观众欢迎的短视频类型。同时，还可以分析视频中的元素（如音乐、字幕、特效等）对观众吸引力的影响，从而优化视频的编排和制作技巧。

3．推广效果分析

推广效果分析主要目的是评估不同推广渠道和策略的效果。通过分析不同推广渠道的观看数量、转化率等关键指标，以及推广时机、推广频率等因素，优化更加合理的推广计划。

三、农产品短视频营销效果跟踪与数据分析案例分析

某农产品品牌为了推广其新上市的特色水果，制作了一系列的短视频并在多个平台进行发布。为了跟踪和分析营销效果，该品牌设定了观看数量、点赞数量、评论数量等关键指标，通过短视频平台提供的后台数据分析工具和第三方数据分析工具进行数据的收集和分析工作。

在数据监控过程中，该品牌发现某个短视频的观看数量和点赞数量明显高于其他短视频。通过进一步分析视频内容和用户行为，发现该短视频的内容更具趣味性，且配乐和字幕设计更符合目标受众的喜好。基于这些发现，该品牌决定调整后续的短视频制作风格和推广策略，以便能够更好地吸引目标受众。

同时，该品牌还对不同推广渠道的效果进行了分析。发现通过社交媒体平台进行推广的效果最佳，观看数量和转化率最高。因此，加大了在社交媒体平台上的推广力度，并优化了

推广时机和频率。这些调整使得后续的短视频营销效果得到了显著提升。

农产品短视频营销效果跟踪与数据分析是优化营销策略、提升营销效果的重要手段，通过设定关键指标、收集和分析数据，以及实时监控和调整策略，农产品电子商务运营者可以更好地了解用户需求和市场动态，制定更合理的营销策略。未来随着大数据和人工智能技术的不断发展，农产品短视频营销效果跟踪与数据分析将更加智能化和精准化。农产品电子商务运营者需要不断学习，掌握新技术、新方法，以适应市场的变化，推动农产品电子商务运营的持续发展。

案例链接

案例一　探究“直播+短视频”的农产品电子商务模式

为了严格把控藏红花的品质某村组建了“藏红花”农户合作社，制定了“藏红花”新媒体营销方案，建设了“藏红花”营销电子商务平台，打造了绿色、安全、优质的品牌形象。利用和农户建立的合作社对藏红花的制作和销售过程进行标准化生产管理，打造绿色的健康产品，在使用农药的剂量上进行严格的控制，条件允许的情况下尽量不使用农药。采用传统的工艺流程对藏红花进行采摘、制作和加工，保证藏红花的质量和品质。最后统计生产情况对藏红花进行定价，利用线上线下相结合的销售渠道进行营销。消费者收到产品后二十四小时内开箱验货，若有任何问题按照比例赔偿。为保障消费者的权益，定期进行电话回访，了解产品使用情况，收集顾客的建议，尽全力做好售后服务。

依托“藏红花”农户合作社组织实施新媒体营销电子商务平台方案。通过在天猫、淘宝和京东等营销电子商务平台上建立直销和分销网店；利用微信公众号和微店、抖音短视频等互联网资源扩大消费者群体；利用直播的形式推广宣传产品，将直播延展到田间地头或车间现场，让消费者亲眼看到产品从生长到销售的全过程，与消费者建立信任和连接，推进消费者对产品的认可。拓展直播内容，农户利用网络平台直播销售产品时，可以赋予产品故事性、趣味性的卖点。同时，结合农业休闲旅游、农事体验等新业态，吸引消费者实地消费，实现线上线下联合营销。这些措施使“藏红花”的知名度和销量达到了预期目标。

案例二　农产品微信营销

“冰糖心”苹果来自新疆阿克苏红旗坡农场，位于天山南麓，雪水浇灌、沙土栽培、昼夜温差大、光照足，使果核部分糖分堆积成透明状，形成独一无二的“冰糖心”，既好吃又好看，在全国享有盛名。

“冰糖心”苹果通过微信营销，找到精准的客户流量，主要供应于一线城市的高消费青年、中年人群。通过微信平台，与“粉丝”互动，并实时监控和分析后台数据，达到最优化的营销效果。

“冰糖心”苹果利用转发、抽奖等活动造势，推出果园日常视频。通过打造日常互动帖和预售文案等形式集中推广。

“冰糖心”苹果利用短视频在微信平台上营销，结合图像设计、网页设计等软件，采用活泼生动、视觉直观且具有冲击力的形式，将农产品信息迅速、有效地扩散到全国各地，营销成效显著。

项目小结

本项目讲述了在当前数字化的时代，利用短视频这一流行媒介进行农产品销售的方法。短视频凭借其直观、生动、易于传播等特点，成为了农产品电子商务运营领域的新宠，为农产品的品牌建设、市场营销和消费者沟通提供了新的契机。本项目从短视频营销的基本概念入手，逐步深入到策略制定、内容创作、平台选择及效果评估等核心环节，为农产品电子商务运营者提供了系统的短视频营销指南。

在农产品短视频营销中，先要明确营销目标，无论是提升品牌知名度、促进产品销售，还是增强消费者互动，都需要有明确的目标导向。短视频的内容创作是关键，农产品电子商务运营者应结合自身产品特点和目标受众，创作出既具有吸引力，又具有传播性的短视频内容，可以包括农产品的生长过程展示、制作工艺揭秘、健康食用方法等，旨在激发消费者的购买兴趣。

此外，选择合适的短视频平台也至关重要。由于不同的短视频平台有着不同的用户定位和内容偏好，所以农产品电子商务运营者需要根据品牌营销目标和内容特点，选择与之匹配的平台进行合作。同时，利用短视频平台的推荐算法和社交功能，农产品电子商务运营者可以更有效地触达目标受众，实现精准营销。

在短视频制作过程中，农产品电子商务运营者还应注重视频的拍摄质量和剪辑技巧。高质量的画面和流畅的剪辑能够提升视频的观看体验，从而增强营销效果。此外，合理运用音效、字幕、特效等元素，也能为短视频增添更多趣味性和吸引力。

农产品短视频营销还需注重与用户的互动和沟通。通过评论区互动、私信回复、发起话题等方式，农产品电子商务运营者可以及时了解用户的反馈和需求，优化营销策略和产品服务。这种互动和沟通有助于增强用户对农产品的信任感和忠诚度。

在短视频营销过程中，数据分析和效果评估也是不可或缺的一个环节。通过对短视频的播放数量、点赞数量、评论数量、转发数量等数据的分析，农产品电子商务运营者可以评估营销效果，了解用户的喜好和需求变化，为后续的营销策略调整提供数据支持。

农产品短视频营销并非一蹴而就的过程。它需要农产品电子商务运营者具备持续学习和创新的精神，紧跟短视频平台的发展变化，不断优化营销策略和内容创作。同时，农产品电子商务运营者还需要注重团队建设和人才培养，打造一支具备专业素养和创新能力的短视频营销团队。

综上所述，本项目为农产品电子商务运营者提供了一套系统的短视频营销策略。通过深入理解和应用本项目的知识点和策略建议，农产品电子商务运营者可以更加有效地利用短视频进行品牌推广和产品销售，实现农产品电子商务运营的快速发展和持续盈利。

课后案例

案例一　短视频里的“田园诗”，展现农耕文化之美

背景

当前短视频平台成为了农产品营销的新阵地。某农产品电子商务运营者通过精心地策划和拍摄，将农产品的生长、采摘、加工过程及农耕文化制作成短视频，吸引了大量网友们的关注。

思政元素

农耕文化传承：短视频中展现了传统农耕文化的魅力和价值，如精耕细作、顺应天时等理念，有助于弘扬和传承中华优秀传统文化，增强民族自豪感和文化自信心。

美丽乡村建设：通过短视频展现了农村地区的自然风光和田园生活，引导人们关注乡村、热爱乡村，为美丽乡村建设贡献力量。

绿色发展理念：短视频中强调农产品的绿色、生态、健康等特点，契合了国家绿色发展理念，有助于推动农业可持续发展。

教育意义

这个案例让我们深刻认识到短视频在农产品营销中的重要作用，以及农耕文化传承和美丽乡村建设的意义。同时，也鼓励我们在未来的农产品电子商务实践中积极运用短视频等新媒体手段，展现农耕文化之美，助力乡村振兴发展。

案例二　短视频带货助农增收

背景

某农产品电子商务平台利用短视频带货的方式，帮助农民销售滞销农产品，实现了农产品的线上推广和销售，带动了农民的收入增长。

思政元素

社会责任担当：该电子商务平台积极履行社会责任，利用自身优势帮助农民解决农产品销售难题，体现了企业的使命与担当。

共同富裕目标：该电子商务平台通过短视频带货的方式，将城市的消费需求与农村的农产品资源有效对接，促进了农产品的流通和销售，有助于实现共同富裕的目标。

创新驱动发展：该电子商务平台紧跟时代潮流，创新农产品营销方式，将短视频技术与农产品销售相结合，为农民开辟了新的增收渠道，推动了农业的创新发展。

教育意义

这个案例向我们展示了电子商务平台在农产品短视频营销中的社会责任担当和创新精神。通过短视频带货的方式，电子商务平台不仅帮助农民解决了销售难题，还带动了农民的收入增长，促进了共同富裕目标的实现。这激励我们在未来的学习和工作中积极践行社会责任，勇于创新，为农业的发展和乡村振兴贡献自己的力量。

巩固提高

一、单项选择题

1．与传统营销方式相比，农产品短视频营销不具有（　　）的特点。

A．直观性强　　B．互动性好

C．传播速度快　　D．成本高昂

2．在农产品短视频营销中，（　　）不是运营者应当遵循的。

A．内容为王原则　　B．目标受众定位原则

C．平台选择原则　　D．忽略用户反馈原则

3．在制作农产品短视频脚本时，（　　）不是撰写脚本内容时应考虑的要素。

A．情节的连贯性和逻辑性

B．镜头的拍摄内容、角度、时长

C．产品包装的颜色和形状

D．场景的布置和道具的选择

4．在选择农产品短视频发布平台时，如果目标受众主要是年轻人，（　　）平台是更适合的选择。

A．微视　　B．抖音

C．快手　　D．以上都不对

二、多项选择题

1．农产品企业在制定运营规划方案之前要进行运营背景分析，分析的内容包括（　　）。

A．农产品市场分析　　B．运营渠道分析

C．竞争对手分析　　D．企业自身分析

2．农产品运营目标是依据农产品营销方案制定的，运营目标可进一步拆分为（　　）。

A．客户维度的运营目标　　B．运营核心目标

C．产品维度的运营目标　　D．运营核心子目标

3．一般情况下，农产品电子商务企业在制定年度运营规划时，规划内容包括（　　）

A．资金运营规划　　　　B．客户运营规划
C．产品运营规划　　　　D．内容运营规划

三、简答题

1．相比其他营销方式，农产品短视频营销有哪些独特优势？
2．在农产品短视频营销中，如何制作高质量、吸引人的短视频内容？
3．在农产品短视频营销中，如何选择合适的短视频平台和发布时机以提高曝光率？
4．在农产品短视频营销中，如何结合产品特点和受众需求，制定有效的营销策略？
5．农产品短视频营销后，如何评估营销效果，并根据评估结果进行优化调整？

考核评价模块

一、考核评价目标

本模块的考核评价目标旨在评估学生在农产品短视频营销方面的能力，包括短视频内容策划、制作与编辑、平台选择与推广、营销效果评估等。通过考核，提升学生的短视频营销技能，为农产品电子商务运营的品牌宣传和销售提升提供有力支持。

二、考核评价标准

（一）短视频内容策划能力

学生能否根据农产品特点和目标受众，制定吸引人的短视频内容策划方案？
策划方案是否包括明确的主题、创意点、拍摄计划等？

（二）制作与编辑能力

学生能否运用合适的拍摄设备和剪辑软件，制作出高质量的短视频？
视频内容是否清晰、有趣，并能够有效传达农产品的信息？

（三）平台选择与推广能力

学生能否根据短视频内容和目标受众，选择合适的短视频平台进行发布和推广？
是否能够利用平台特性进行内容优化和推广策略制定？

（四）营销效果评估能力

学生能否运用数据分析工具评估短视频营销效果，如观看数量、点赞数量、分享数量等？
是否能够根据评估结果调整短视频策略和内容，优化营销效果？

三、考核评价方法

实操演练：要求学生完成一部农产品短视频的制作并发布，观察其在内容策划、制作编辑、平台选择与推广等方面的表现。

作品展示与答辩：学生展示自己的短视频作品，并回答教师和其他同学的问题，阐述创作思路和营销策略。

数据分析报告：要求学生提交短视频营销数据分析报告，评估其营销效果评估能力。

教师评价与学生互评：结合教师对学生的观察和评价，以及学生之间的互评，形成全面、客观的考核结果。

四、考核评价结果反馈

分数与等级评定：根据考核评价标准，给出具体的分数和等级，让学生清楚自己在农产品短视频营销方面的表现。

优缺点分析：详细列出学生在短视频营销过程中的优点和不足，帮助其认清自己的长处和需要改进的地方。

改进建议：针对学生的不足之处，提供具体可行的改进建议，如加强短视频内容策划能力、提升制作与编辑技巧等。

案例分享：鼓励学生分享自己在农产品短视频营销中的案例和经验，促进同学间的交流和学习。

后续跟进计划：根据学生的表现，制订个性化的后续跟进计划，如定期参加短视频营销培训、参与项目实践等，确保其持续改进和成长。对于表现优异的学生，可以给予额外奖励和激励措施，以资鼓励。

反侵权盗版声明